प्रज्ञा पारमिता हृदय सूत्रम्
आनापानसति

サンスクリット原典から学ぶ
般若心経入門
付
釈尊の実践法
「アーナーパーナ・サティ」

真下尊吉

東方出版

あれも全体、これも全体。

全体は全体から生まれ、

全体から全体を取り除いても、

なお全体が残る。

पूर्णमदः पूर्णमिदं पूर्णात् पूर्णमुदच्यते ।

पूर्णस्य पूर्णमादाय पूर्णमेवावशिष्यते ॥

(ईशोपनिषद्)

まえがき

「般若心経」は、いろんな所や場面で唱えられることの多い最もポピュラーな経典であり、書店に行けば宗教書のコーナーで一番たくさん並んでいるのもこの書です。しかし、この経典がサンスクリット語で書かれていることや、その本来の意味が分かって唱えられているか、というと疑問です。私が初めて原語で唱えられる「般若心経」を聴いたのは、もうずいぶんと昔のことで、それは毎日放送の TV 番組、作曲家黛敏郎さんの「仏法東漸」という番組の第1部「インドからの道」の中でのサンスクリット研究所ヴァイス・シャンカール教授の唱えられるものでした。

その後、アニル・ヴィディヤランカール先生のサンスクリット語教材で学ぶことになり、教材のカセット・テープや先生の講義も1～2度受ける機会がやってきたことは幸せでした。そして、従来は、ヴェーダやウパニシャッド、また、ブッディズムの経典など、それぞれ権威者という方の翻訳をもとに学んでいましたが、インターネットの急速な普及に伴い、誰でも直接海外の書店から、原典や文献が自由に入手出来る環境になり、翻訳されたものであっても自分の目でどの語がどのように訳されたのかを確かめることが可能になりました。また、翻訳では分かりにくかったところも原典を紐解くことによって理解を確実にすることが出来ます。

ところで、日本で出版されている「般若心経」は、ほとんどがご自分の人生での出来事や人生観と照らし合わせた感想や体験談になっていて１００人の方が書かれると１００冊の「般若心経」が出来上がります。さらに、玄奘三蔵による漢訳は、サンスクリット原文の音写、つまり「よみがな」の部分と本来の意味を表す

1

部分とが混在しているので、「よみがな」に相当する漢字が訳されたりすると荒唐無稽なことが起こっているのを目にします。例えば、「般若波羅蜜多」は音写で、プラギャーパーラミター（प्रज्ञापारमिता）、また、有名なマントラの「羯諦羯諦　波羅羯諦　波羅僧羯諦　菩提薩婆訶」は、ガテー・ガテー・パーラガテー・パーラサンガテー・ボーディーヒ・スヴァーハー（गते गते पारगते पारसंगते बोधिः स्वाहा）の音写です。同じように「三世（さんぜ・トゥリヤドゥヴァ त्र्यध्व)」は、त्रि अध्व で、「3つの時」ですが、「三藐・さんみゃく सम्यक्」は音写ですので「最高の」という意味、「さん」は「3（three）」ではありません。従って、漢訳からは、この音写部分と本来の語句の意味とを識別することが非常に重要です。

　また、玄奘三蔵の漢訳を元に「般若心経」は解釈され読まれていますが、この機会に中国で国家プロジェクトとしてサンスクリット原典がどのようにして漢訳されたのか、その課程を知るには、船山徹著『仏典はどのように漢訳されたのか』を一読されることをお奨めします。その上で、本書によって「般若心経」の意味をお知りになることは、あなたにとって積極的な人生を生きる指針となるはずです。

　読誦も同じく玄奘三蔵・漢訳のもので行われますが、サンスクリット原文の発音も決して難しいものではありません。カナ表記のものを載せてありますから、どうぞお試し下さい。

　なお、本書の刊行につきましては、前二著に続きひとかたならぬご尽力をいただきました東方出版会長の今東成人氏に心から感謝いたします。

目　次

まえがき	1
序	5
1．漢訳と原語を対比して意味を知る	7
2．「般若心経」の大意	48
3．アースティカとナースティカ、	
「般若心経」とヨーガ	51
a．サーンキャの場合	52
b．ヨーガ・ダルシャナの場合	56
c．ヴェーダーンタ・ダルシャナの場合	59
d．シャンカラの場合	67
e．ラマナ・マハルシの場合	73
f．「般若心経」の場合	77
4．ロング・バージョン	79
5．釈尊の実践法　「アーナーパーナ・サティ」	89

　a．実践法（その1）身体と呼吸　①呼吸の仕組みとしての、呼気と吸気　②呼吸と身体の関係　③身体の動きが静まった段階での呼吸（ヴィパッサナ／ハタヨーガ／座禅）（その2）感情（フィーリング）と呼吸　（その3）心と呼吸　（その4）現象の観察と呼吸

　b．完全な形へと進める4つの要点　（その1）身体の中の、もう一つの身体　（その2）感情の中の、もう一つの感情（その3）心の中の、もう一つの心　（その4）現象の中の、もう一つの現象

6．原語・漢訳・意味・註の一覧表	111

7.	玄奘の漢訳	119
8.	サンスクリット原文の発音（カタカナ）	120
9.	参考文献	124
	あとがき	125
	索引	126

略記について　（Abbreviation）

文献名などを次のように略記する。

SKI	साम्ख्यकारिका of ईश्वरकृषण	サーンキャカーリカー・オブ・イーシュワラクリシュナ
YS	योग सूत्रम्	ヨーガ・スートラ
BS	ब्रह्मसूत्रम्	ブラフマ・スートラ
US	उपदेशसार	ウパデーシャ・サーラ
BG	भगवद्गीता	バガヴァッド・ギーター

序

　「般若波羅蜜多心経」（プラギャー・パーラミター・フリダヤ・スートラム प्रज्ञा पारमिता हृदय सूत्रम्）には、ショート、ロング２つの版があって、通常、経典として唱えられるものは、経文のみのショート・ヴァージョンです。この書は、その経文の解説書ですが、ロング・ヴァージョンは、どのような状況の下で、この講話がなされたかがよく分かりますので、７９頁に掲載することにしました。原題の「プラギャー・パーラミター・フリダヤ・スートラム（प्रज्ञा पारमिता हृदय सूत्रम्）」の中心は、「私とは何か、この世界とは何か、それらは、どのようにして顕れるのか、また、その実体は果たしてあるのか」といったことです。従って、この経典の核となる部分は、**受・想・行・識**と**色**、いわゆる「五蘊」（５つの基盤、柱）です。さらに、「般若心経」といえば、「空」の教理が有名ですが、アニル・ヴィディヤランカール先生は「真の仏教とは何か」という講演の中で、次のように述べておられます。

- ライス・デイビスが言うが如く、仏陀はヒンドゥとして暮らし、ヒンドゥとして亡くなられたのであります。
- 仏陀の言葉には、その当時インドで使われていた伝統的な宗教哲学的な用語で満ち満ちています。我々が現在仏教として知られていることにだけ話を限定してしまうと、我々は仏教を理解することが出来ません。
- 般若心経に出てくる一つ一つの言葉にしても、その背景には数千年の歴史があります。般若心経を理解するには、その用語の背景をよくよくわきまえていなければならないのです。更に、般若心経はその原典に遡らない限り、その意義を明らかにすることは全く不可能であります。

（『インド思想との出会い』A・ヴィッディヤランカール中島巖訳に収録）

　われわれは、ヒンドゥーと聞いただけでヒンドゥー教のことだと思ってしまいますが、ヒンドゥー（हिन्दू）はペルシャ語でインダス川を意味し、ヒンドゥスターンは、インドの別名、または、インド亜大陸の地域がヒンドゥスターンです。このインドのダルシャナ（दर्शन）には、ヴェーダを源流とする２つの大きな歴史的な流れがあります。ブッディズムは、**ナースティカ**に当たりますが、**アースティカ**の流れがサーンキャ、ヨーガ、ミーマーンサー、ヴェダーンタ、ニャーヤ、ヴァイシェーシカの各ダルシャナです。従って、この両者の流れをよく理解して「般若心経」を読む必要があります。各ダルシャナ間では議論がなされ、相違点があるのは当然ですが、同じ一つの真理を探究するのですから、本書では共通点をみていこうと試みています。そのため、目に見えない状態の**アヴィヤクタ**と、目に見える状態の**ヴィヤクタ**をどのように理解し説明しているのか、「３．ヨーガと般若心経」で取り上げました。

　次に、一番重要な実践面では、一体、釈尊はどのような方法を説かれたのか、あまり知られていません。一般に**マインドフルネス**（Mindfulness）と英訳されている実践法には、**アーナーパーナ・サティ**と**ヴィパッサナ**があります。ヴィパッサナは、アーナーパーナ・サティを前提とした「歩く瞑想法」です。本書では、**アーナーパーナ・サティ（Mindfulness of Breathing）**の中心となるところをパーリー語経典から原文・訳文・註・解説を付けて説明しました。なお、「般若心経」をサンスクリット原文で読んでみようという人のために「原語・漢訳・意味・文法事項の註の一覧表」を１１１頁に、参照した参考文献は巻末に掲載しました。

1．漢訳と原語を対比して意味を知る

「般若波羅蜜多心経」

＊印は音写（漢字によるサンスクリット語の読み）

表中、原文に相当する漢訳がないところは、空欄。

1．漢訳と原語を対比して意味を知る

①　般若波羅蜜多心経（はんにゃはらみたしんぎょう）
　　プラギャー・パーラミター・フリダヤ・スートラム
प्रज्ञापारमिताहृदयसूत्रम्

漢　訳	読　み	意　味	原　語
般若　＊	プラギャー	智慧、気づき	प्रज्ञा
波羅蜜多　＊	パーラミター	心のレベルを超越した	पारमिता
心	フリダヤ	精髄	हृदय
経	スートラム	経典	सूत्रम्

　この経典のタイトルの説明。「般若（プラギャー）」は、プラ（प्र）＋　ギャー（ज्ञा 気づき knowledge）で「真理への気づき」、「波羅蜜多（パーラミター）」は、パーラム（पारम् 超える transcend）＋イ（√इ 行く to go）＋タ（त～した）、つまり「心のレベルを超えた、言葉の発生しない状態でご覧になった」、「心（フリダヤ हृदय）」は、「精髄の」、「経（スートラム सूत्रम्）」は、「経典」の意味です。従って、タイトルの全体の意味は、**心のレベルを超えた境地で気づかれた真理の経典の精髄**となります。漢字でなされた音写（読

み・ふりがな）に意味を持たせ訳してしまうと荒唐無稽なことになります。「般若心経」を読む場合に最も注意しなければならないことです。

② **観自在菩薩**（かんじざいぼさつ）
アーリヤーワローキテーシュワラ・ボーディサットヴォー
आर्यावलोकितेश्वर बोधिसत्त्वो

漢　訳	読　み	意　味	原　語
	アーリヤ	高貴なる	आर्य
観自在	アワローキタ	俯瞰した	अवलोकित
	イーシュワラ	主	ईश्वर
菩薩	ボーディサットバハ	全知者	बोधिसत्त्वः

「観自在菩薩」というと、何らかの仏像をイメージしてしまう人がいますが、そうではありません。

「アーリヤ（आर्य）」は、玄奘の漢訳にはありませんが、古代インド、ヴェーダの時代にあっては4ヴァルナ（カースト）のうちバラモン、クシャトリヤ、ヴァイシャの上位3ヴァルナを意味したことがありました。ここでは、「高貴なる」の意味です。

「観自在（アワローキタ अवलोकित）」は、アワ（अव）＋ローク（लोक् 観る）＋「イ（√इ 行く to go）」＋タ（त〜した）、つまり、同じ「見る」でも鳥の目の高さからの展望、いわゆる鳥瞰的**にものごとを一瞬にして見通された**、という意味です。「菩薩（ボーディサットバ बोधिसत्त्वः）」は、修行中の人を指す場合もありますが、ここでは、イーシュワラ（ईश्वर 主）と合わせて「サルヴァ

8

ギャ (सर्वज्ञ 全知者)」つまり、お釈迦さまを指すことになります。
従って、「観自在菩薩 (アーリヤ・アワローキテーシュワラ)」は、
「高貴なお方であり俯瞰的にものごとを洞察されている全知者
の」といった意味の**お釈迦さまに対する尊称**です。観自在菩薩 (ア
ワローキテーシュワラ) の像は複数あり、仏陀立像以外にも１１
世紀頃に発掘されていますから、アワローキテーシュワラは、上
記の意味に取る必要があります。なお、アワローキテーシュワラ
となっているのは、サンスクリット語のサンディ (連音) のため、
アワローキタとイーシュワラの音が ta+i=te (テー) となるためで
す。このような音の変化は、他にも起こります。

③ 行深般若波羅蜜多時、 (ぎょうじんはんにゃはらみたじ)
ガンビーラーヤーム・プラギャー・パーラミターヤーン・チャ
リヤーンチャラマーノー
गम्भीरायां प्रज्ञा पारमितायां चर्यां चरमाणो

漢　訳	読　み	意　味	原　語
行			
深	ガンビーラー ヤーム	深い瞑想状態	गम्भीरायां
般若　＊	プラギャー	偉大なる智慧	प्रज्ञा
波羅蜜多 ＊	パーラミター ヤーン	心のレベルを超えた	पारमितायां
（行）	チャリヤーン	（日常の、日頃の）	चर्यां
時	チャラマーナハ	行い、生活	चरमाणः

1．漢訳と原語を対比して意味を知る

　玄奘・漢訳の「行」は、後へ持ってきた方が分かりやすいので、「深（ガンビーラーヤーム गम्भीरायां）」から説明しましょう。ガンビーラとは、「深い」という意味ですが、その後に「プラギャー・パーラミターヤーン प्रज्ञा पारमितायां」がありますから、タイトル部分で説明しましたように「（心のレベルを超えた）深い瞑想の状態」を意味し、お釈迦さまにとってそれは、「行時（チャリヤーン・チャラマーナハ चर्यां चरमाणः）」**日常の生活**がそうであったことになります。

　この部分は、よく「般若波羅蜜多の行（ぎょう）（註）を行っている時」と説明されているのを見かけますが、4．ロング・ヴァージョン（79頁）で説法が行われた状況から、お釈迦さまはすでにお悟りになった境地からなさっているのでこの説明は大変不自然です。

　　（註）「六波羅蜜の修行」とは、布施（ダーナ दान）、持戒（シラ शिल）、
　　　　　忍辱（クシャーンティ क्षान्ति）、精進（ヴィールヤ विर्य）、禅定（ディヤーナ ध्यान）、智慧（プラギャー प्रज्ञा）の合計6つを言います。「波羅蜜」は、パーラミターの漢字による音写で「心、想念のレベルを超越すること」です。釈尊の一般の人々に対する修行法としては、アーナーパーナ・サティとヴィパッサナがよく知られています。いずれも呼吸に留意しなければなりません。（後述　89頁）

　次頁のイラストをご覧下さい。（横線は、心の動き、縦線はインタバルとお考え下さい。）

10

1．漢訳と原語を対比して意味を知る

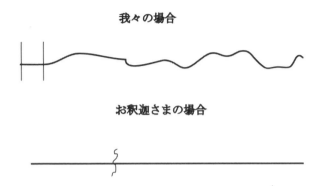

　われわれの場合、心は通常、波のように揺れ動いていて、例えば、座禅とか、あるいは瞑想の時間の３０分〜６０分といった短い時間（上図縦線）が日常生活におけるインタバル、ギャップ、または、隙間として心が静まった時間です。しかし、お釈迦さまは、全く逆で、日常の生活そのものが深い瞑想の状態にあってずっと心は揺れ動きません。人にお会いになったりする３０分〜６０分がわれわれの日常の生活にあって心が動く状態と考えればいいでしょう。状況が全く反対なのです。われわれにとって、瞑想は、なにか特別な時間ですが、お釈迦さまにとってはそうではなく、心が動くときが特別なのです。

④　照見（しょうけん）
　　ヴィヤヴァローカヤティ・スマ
　　व्यवलोकयति स्म

11

1．漢訳と原語を対比して意味を知る

漢 訳	読 み	意 味	原 語
照見	ヴィヤヴァローカヤティ・スマ	はっきりと見て取れた、分かった	व्यवलोकयति स्म

「照見（ヴィヤヴァローカヤティ・スマ）」とは、ヴィ（वि識別して）アヴァ（अव 高い見地から）ローカヤティ（लोकयति 観る）スマ（स्म ～するのが常）という意味で、このような心のレベルを超えた状態で、照らし出されるようにはっきりと見てとれた状況は、この原文の不変化詞のスマ（स्म）に注意して下さい。これは習慣過去形と言われる表現で、英語の used to see やヒンディー語の देखता था に相当しますから、**普段ずっとご覧になっている状況**です。それは一体何でしょうか？

⑤　**五蘊**（ごうん）
　　パンチャ・スカンダーハ
　　पञ्च स्कन्धाः।

漢 訳	読 み	意 味	原 語
五	パンチャ	５つの	पञ्च
蘊	スカンダーハ	柱、基盤	स्कन्धाः

「五蘊」とは、５つの基盤となる柱（パンチャ पञ्च、スカンダーハ स्कन्धाः）のことですが、具体的には、まだ述べられずに、次の次の句あたりから、その柱の一つの「色」が、後の⑪になって残りの４つ「受・想・行・識」が出てきます。
　とりあえず、「五蘊（５つの基盤となる柱）」を家に例えたイラ

12

1．漢訳と原語を対比して意味を知る

ストで示しましょう。それぞれについての説明は後述します。

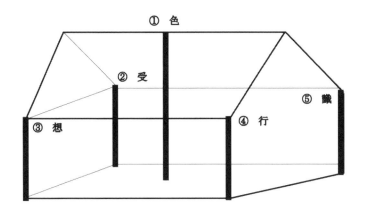

五蘊（色・受・想・行・識）の模式図

ターンスチャ
तांश्च

漢訳	読み	意味	原語
	ターン	これらは	तान्
	チャ	そして	च

「そしてこれらは」と、⑤で述べられた「五蘊」が次の⑥へと続くことになります。玄奘の漢訳にはありません。

⑥ **皆空、**（かいくう）
 スワバーヴァ・シュンニャーン・パッシャティ・スマ
 स्वभाव शून्यान् पश्यति स्म ।

13

1．漢訳と原語を対比して意味を知る

漢　訳	読　み	意　味	原　語
	スワバーヴァ	本性	स्वभाव
皆空	シュンニャーン	なにもない	शून्यान्
（照見）	パッシャティ・スマ	洞察した	पश्यति स्म

　5つの基盤となる柱は内容が具体的に示されないまま、まず、それらすべてのスワバーヴァ（स्वभाव）「本性」は、シュンニャーン（शून्यान्）つまり、「なにもない」とお釈迦さまは、パッシャティ・スマ（पश्यति स्म）**常々洞察されていた**ことになります。ここは、漢訳で省略されていますが、再び「照見」を補った方が理解しやすいと思います。

⑦　**度一切苦厄。**（どいっさいくうやく）

漢　訳	読　み	意　味	原　語
度		超越する	
一切		すべての	
苦厄		苦しみ	

　この一文は原文にはないものの、玄奘が後の句、㉜　**能除一切苦**（のうじょいっさいく　**サルヴァ・ドゥフッカ・プラシャマナハ**　सर्वदःख प्रशमनः）「すべての苦しみが静まる」をここへ持ってきたとも考えられます。

14

1．漢訳と原語を対比して意味を知る

⑧　舎利子。（しゃりし）
　　イハ・シャーリプットラ
　　इह शारिपुत्र

漢　訳	読　み	意　味	原　語
	イハ	この世は	इह
舎利子	シャーリプットラ	シャーリプットラよ	शारिपुत्र

　舎利子は、主格ではなく呼格です。イハ（इह）、シャーリプ
トッラ（शारिपुत्र）「この世は、シャーリプットラよ。」とサットサ
ンガ（註）に集まった聴衆の一人として呼びかけられます。舎利子
は、釈迦１０大弟子のうち智恵第一と言われた弟子でシャーリ
（शारि）は、母方の名前をもらっていて本来の意味は、海鳥の「ペ
リカン」です。大海を見通せる広い視野を持ち、そこから獲物を
狙い、一つの真理を掴むのは彼ならではのことでしょう。

　（註）サットサンガ（सत्सङ्ग）とは、「真理と一つになった師の近くにいる」
　　　という意味で、その場にいると、真理がその人にも自然に流れこんで
　　　くることになります。

　次句から、五蘊（５つの基盤となる柱）のうちの１つ「色」、つ
まり「姿・形あるもの」について、その「実体とは何か？」が繰
り返し、繰り返し説明されます。
　従って、その反復される内容を⑨から⑩-2まで、まとめて説明
します。

15

1．漢訳と原語を対比して意味を知る

⑨　色即是空、空即是色。（しきそくぜくう、くうそくぜしき。）
　　ルーパン・シュニャター、シューニャタイヴァ・ルーパム
　　रूपं शून्यता, शून्यतैव रूपम् ।

漢　訳	読　み	意　味	原　語
色	ルーパン	形あるもの	रूपं
（即是）空	シュニャター	なにもない	शून्यता
空	シューニャター	なにもない	शून्यता
	エーヴァ	まさに	एव
（即是）色	ルーパム	形あるもの	रूपम्

　まず、**姿・形あるもの**「色」の実体は、**何もない**「空」と同じであることを、そのまま、イコール（同じもの）として述べます。

「色（ルーパン रूपं）」＝「空（シュニャター शून्यता）」

これを逆にして、

「空（シュニャター शून्यता）」＝「色（ルーパン रूपं）」

　しかし、**固定した実体のない**「空」は、他との関係で**姿・形あるもの**「色」として現れる、つまり、ブッディズムでは、縁によって起こる、または、ある結果は、すでに原因として最初から含まれていたものとして説明されます。いわゆる**縁起説**（प्रतीत्य - समुत्पाद）であり、**因中有果論**（सत्कार्यवाद）です。

16

まず、あらゆる現象は、「一定の条件に因って起こる」、「縁（よ）って起こる」と説明します。よく知られているのは、次の**十二縁起**で、順に、無明（アヴィディヤー अविद्या）→ 行（サンスカーラ सम्स्कार）→ 識（ヴィギャーナ विज्ञाण）→ 名色（ナーマ・ルーパ नाम - रूप）→ 六処（シャダ・アーヤタナ षड् - आयतन）→ 触（スパルシャ स्पर्श）→ 受（ヴェーダナー वेदना）→愛（トゥリシュナー तृष्णा）→ 取（ウパーダーナ उपादान）→ 有（バヴァ भव）→ 生（ジャーティ जाति）→ 老死（ジャラー・マラナ जरा - मरण）。

　私たちは、すべては、「無明」、つまり**真理が分からない**まま4番目の**名色**、（名前と姿・形ある現象世界）、つまり、「般若心経」で述べられている**色**（この世界）の出現を捉えます。私たちが**生まれること**（生）、身体が、**老いること**、**死ぬこと**とは一体何なのか？

　「般若心経」では、それは、現象世界のことであり、**空**だと述べています。

⑩　**色不異空。**（しきふいくう。）
　　ルーパーン・ナ・プリタク・シューニャター
　　रूपान् न पृथक् शून्यता,
　　空不異色。（くうふいしき。）
　　シュンヤターヤー・ナ・プリタク・ルーパム
　　शून्यताया न　पृथक् रूपम् ।

17

1．漢訳と原語を対比して意味を知る

漢　訳	読　み	意　味	原　語
色	ルーパーン	形あるもの	रूपान्
不異	ナ・プリタク	異ならない、同じ	न पृथक्
空	シューニャター	なにもない	शून्यता

漢　訳	読　み	意　味	原　語
空	シュンヤターヤー	なにもない	शून्यताया
不異	ナ・プリタク	異ならない、同じ	न पृथक्
色	ルーパム	形あるもの	रूपम्

　「不異（ナ・プリタク न पृथक्）」とは、「異ならない」つまり「同じ」という意味ですから、この二度目の表現は、先ほどと全く同じ内容の繰り返しです。つまり、

「色（ルーパン रूपं）」＝「空（シュニャター शून्यता）」
「空 （シュニャター शून्यता）」＝「色 （ルーパン रूपं）」

さらに、

⑨-2

ヤッド・ルーパム・サー・シューニャター
यद् रूपं सा शून्यता,

18

1．漢訳と原語を対比して意味を知る

漢 訳	読 み	意 味	原 語
	ヤッド	〜であるところの	यद्
	ルーパム	姿・形あるもの	रूपं
	サー	即ち、それは	सा
	シューニャター	何もない	शून्यता

　これは、漢訳にはありません。文法的には、関係代名詞
（ヤッド यद्）が使われていて、

「姿・形あるところのもの（ヤッド・ルーパム यद् रूपं）」
　　＝「それは、何もない（सा शून्यता）」

⑩-2
ヤー・シューニャター・タッド・ルーパム
या शून्यता तद् रूपम्

漢 訳	読 み	意 味	原 語
	ヤー	〜であるところのもの	या
	シューニャター	何もない	शून्यता
	タッド	即ち、それは	तद्
	ルーパム	姿・形あるもの	रूपम्

同じように、逆に表現して、
「何もないところのもの（ヤー・シューニャター या शून्यता）」
　　＝「それは姿・形あるもの（タッド・ルーパム तद् रूपम्）」

19

1．漢訳と原語を対比して意味を知る

　このように、重要な事柄は聴衆に深く理解させるために念を押して繰り返し、繰り返し述べられるのが普通で、例えば、「法華経（サッダルマ・プンダリーカ・スートラ सद्-धर्म-पुण्डरीक-सूत्र ）」如来寿量品第十六（タターガターユシュ・プラマーナ・パリヴァルタハ तथागतायुष् प्रमाणपरिवर्तः）などでもお釈迦さまが説法されるにあたって、「敬愛すべき人々よ、よく考察して、タターガターの掴んだ真理の言葉に絶対的な信頼をよせなさい。」（アワカルパヤードゥヴァン・メー・クラプットラーハ・アビシュラッダドゥヴァン・タターガタースヤ・ブータム・ヴァーチャム・ヴィヤーハラタハ अवकल्पयाध्वं मे कुलपुत्राः , अभिश्रद्दध्वं तथागतस्य भूतां वाचं व्याहरतः । ）

という語りかけを３度繰り返されます。そうして、サットサンガに集まった聴衆に聴く準備ができたことを確認した上で説法が始まります。

　この「五蘊」のうちの一つ、普通、われわれが五感でもって認識している「姿・形あるもの」即ち「色（ルーパ रूपम्」について「その実体とは何か？」の理解をここで繰り返し求めているわけです。

従って、⑨、⑩、⑨-2、⑩-2 までをまとめると、

「色　」＝「空　」
「空　」＝「色　」

になります。これを具体的に理解するにはテレビに映し出す画像

のスイッチのオン・オフ（ON・OFF）ほど適当なものはありません。

　まず、スイッチをオンにして画像（音声）を映し出します。例えば、ヴェネチアに実際に旅行してゴンドラに乗る。その実体験もテレビに映る運河の様子も少しも変わるものではありません。テレビのスイッチをオフにすればその瞬間に画像は消えてしまいます。同じように、帰国すれば思い出としてメモリーにあるだけでテレビのスイッチを切ったのと同じです。

　私たちが、昼間見ているこの世界の姿はテレビのスイッチがONの状態、夜、夢を見ずに熟眠すれば、この現実の世界だと思いこんでいる姿も同じようにすべては消え、テレビのスイッチがOFFの状態、つまり「空」ではないのか？

　それを「色 」＝「空 」、「空 」＝「色 」と言っている訳で、われわれが姿・形あるものとして五感で認識しているものの実体とは、あるように思っているだけで、はたしてあるのだろうか？と問いただしているわけです。

　では、どうしてそのようなことが起こるのか。それが、「五蘊」の残りの４つの「受・想・行・識」、「般若心経」の最も重要な「個人意識」つまり、「私」の形成過程になります。

⑪　受想行識亦復如是。（じゅそうぎょうしきやくぶにょぜ。）
　エーヴァンエーヴァー・ヴェーダナー・サンギャー・サンスカーラ・ヴィギャーナーニ
　एवम्　एव वेदना - संज्ञा - संस्कार - विज्ञानानि।

21

1．漢訳と原語を対比して意味を知る

漢　訳	読　み	意　味	原　語
（亦復如是）	（エーヴァム・エーヴァ）	（かくして）	（एवम् एव）
受	ヴェーダナー	認識作用	वेदना
想	サンギャー	名付け、想念	संज्ञा
行	サンスカーラ	記憶の蔵	संस्कार
識	ヴィギャーナーニ	「私」、エゴ	विज्ञानानि
亦復如是	エーヴァム・エーヴァ	かくして	एवम् एव

　私たちが人間として生を受ける時、どこの国のどの地域（エリア）の、どの家庭に生まれるかを決めることはできません。
「受（ヴェーダナー वेदना）」は、サンスクリット語の動詞原形√ विद्
（知覚する、認識する to feel, to perceive）から派生した語で「知覚する、認識すること feeling」、従って、「五つの感覚器官（眼・耳・鼻・舌・身）と心」を使って「感じる作用」です。熱湯にふれれば、熱いと感じ、氷にふれば冷たいと感じる、まだ必ずしも言語を伴わない感覚的なものです。
　次の段階は、言語を伴った思考作用です。それが、「想（サンギャー संज्ञा）」で、日本に生まれれば、言語は日本語を話すようになり、4，5歳で日常会話をこなせるようになります。そこでは、すでに名付けと、それに基づく思考が始まります。やがて学校教育が始まると、いろんな知識が入り込んできて、日本人は日本人として、インド人はインド人としてふさわしいと考えられるように育てられます。また、家庭がキリスト教徒やヒンドゥ教徒であれば、子供もそのような環境で育てられる可能性もあります。教育も早い時期からバイリンガルで育てられたり、習い事も家庭によって様々で良くも悪くも一定の枠にはめられるわけです。いわ

ゆる人格の形成は、生まれや、育ち（家庭環境）や学校（教育）によって差も生じ徐々に形成されていきます。いわば、「想」とは、**心がいかに形成されるか**、ということであり、「心」＝「私」の形成の中核をなす部分です。

次の「行（サンスカーラ संस्कार）」は、記憶（メモリー）です。その人の生まれた家庭、学校を含め受けた教育は、すべてその人の人格の中に記憶として埋め込まれます。また、人生の過程の中での経験や体験などもすべてメモリーに記憶され呼び出されては更新され新たな記憶として蔵にしまい込まれます。

こうして、受（ヴェーダナー वेदना）→想（サンギャー संज्ञा）→行（サンスカーラ संस्कार）という一連の繰り返しによって、その人を形作る**個別意識**が「識（ヴィギャーナム विज्ञानम्）」です。Ａさん、Ｂさん、Ｃさんと、それぞれが**私**（アハム अहम्）と言っているものと同じです。これによって「**色**」が顕れます。

世界の人口は、今約７６億人、それぞれ別々の**私**が存在します。従って、下記イラストのように、Ａさん、Ｂさん、Ｃさん、Ｄさん、Ｅさんは、本来別々の意識を持った存在です。

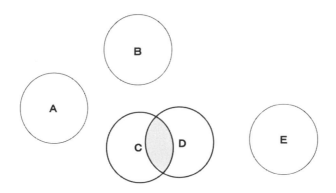

23

1．漢訳と原語を対比して意味を知る

　ある事柄に関して、例えば、「般若心経」について興味があるなど、たまたま、ＣさんとＤさんが同じ意識や価値観を持つと、この重なり合う部分が共通の意識として「気が合う」などと表現されることになりますが、多くの場合２人は他の点では異なった意識を持った別人です。多くの人種や民族間で宗教をはじめとする対立や抗争が生じるのはこの個別意識の形成過程が一人一人異なるためです。自分と同じだと思って行動すると、思わぬ反発を喰らったりします。しかし、異なった意識を持つからこそ、そこに互いを理解しようとする気持ちが非常に大切です。

　亦復如是（やくぶにょぜ　エーヴァン・エーヴァ）「かくして」と、次の句に続き、再び、お釈迦さまは呼びかけられます。

⑫　**舎利子。**（しゃりし）
　　イハ・シャーリプットラ
　　इह शारिपुत्र,

漢　訳	読　み	意　味	原　語
	イハ	この世において	इह
舎利子	シャーリプットラ	シャーリプットラよ	शारिपुत्र

　「この世においては、シャーリプットラよ。」

⑬　**是諸法空相、**（ぜしょほうくうそう）
　　サルヴァダルマーハ・シューニャター・ラクシャナーハ
　　सर्वधर्माः शून्यता लक्षणाः

1．漢訳と原語を対比して意味を知る

漢 訳	読 み	意 味	原 語
是諸法	サルヴァダルマーハ	すべての事物には	सर्वधर्माः
空	シューニャター	なにもないという	शून्यता
相	ラクシャナーハ	標、指標、しるし	लक्षणाः

　是諸法（ぜしょほう　サルヴァ・ダルマーハ सर्वधर्माः）とは、「すべての事物には」、空相（シューニャター・ラクシャナーハ शून्यता लक्षणाः）とは、「何もないという指標（しるし）が付いている」という意味です。「シューニャター・ラクシャナーハ」は、「空」を説明した最も素晴らしい表現で、**すべてのものにこの標（しるし）、ラベルが付いています。**しかし、**「私」が現れると同時に「色」も顕れます。**空であれば、次句 ⑭ のように言える訳です。

⑭　**不生不滅、不垢不浄、不増不減。**

　　（ふしょうふめつ、ふくふじょう、ふぞうふげん）

　アヌッパンナー・アニルッダー・アマラー・ナ・ヴィマラー・ノーナー・ナ・パリプールナーハ

　अनुत्पन्ना, अनिरुद्धा अमला न विमला, नोना न परिपूर्णाः ।

漢 訳	読 み	意 味	原 語
不生	アヌッパンナー	何も生じない	अनुत्पन्ना
不滅	アニルッダー	流転して止まらない	अनिरुद्धा
不垢	アマラー	初めから汚れがある	अमला
不浄	ナ・ヴィマラー	汚れを取り除いたのでもない	न विमला
不増	ナ・ウーナー	何かが欠けているのでもない	न ऊना

1．漢訳と原語を対比して意味を知る

| 不減 | ナ・パリプールナーハ | 充ち満ちているのでもない | न परिपूर्णाः |

　これは⑬の「空相」の説明です。**すべてのものには「空」のラベル・指標**が付いているので、不生（アヌッパンナー）「何かが生じるわけでもなく」、不滅（アニルッダー）「常に流転していて、止まるわけでもなく」、不垢（アマラー）「初めから汚れがついているわけでもなく」、不浄（ナ・ヴィマラー）「汚れを取り除いたわけでもなく」、不増（ナ・ウーナー）「何かが欠けている訳でもなく」、不減（ナ・パリプールナーハ）「何かが充ち満ちている訳でもない」ということになります。

⑮　**是故**（ぜこ）
　タスマート・シャーリプットラ
　तस्मात् शारिपुत्र,

漢　訳	読　み	意　味	原　語
是故	タスマート	従って	तस्मात्
（舎利子）	シャーリプットラ	シャリプットラよ	शारिपुत्र

「是故（タスマート तस्मात्）」、「舎利子（シャーリプットラ शारिपुत्र 漢訳では省略）」、「従って、シャーリプットラよ。」と次の⑯へと説明は続きます。

⑯　**空中、無色、**（くうちゅうむしき）
　シュンヤターヤーン・ナ・ルーパム

26

1．漢訳と原語を対比して意味を知る

शून्यतायां न रूपं,

漢 訳	読 み	意 味	原 語
空中	シュンヤターヤーン	なにもない中に	शून्यतायां
無	ナ	ない	न
色	ルーパム	姿・形	रूपं

　「空」の説明が具体的に始まります。まず、「一体、**私**はどのようにして現れたのか？」それは、夜、熟眠すればどうなるのか？「空中（シュンヤターヤーン शून्यतायां）」は「固定した実体のない中には」、「無色（ナ・ルーパム न रूपं）」は、「姿・形あるものはない」ということになります。具体的には、

⑰　**無受相行織、**（むじゅそうぎょうしき）
　ナ・ヴェーダナー・ナ・サンギャー・ナ・サンスカーラ・ナ・ヴィギャーナム
　न वेदना, न संज्ञा, न संज्ञा, न संस्कार, न विज्ञानम्।

漢 訳	読 み	意 味	原 語
無	ナ	ない	न
受	ヴェーダナー	知覚・認識作用	वेदना
相	サンギャー	名付け、想念	संज्ञा
行	サンスカーラ	記憶の蔵	संस्कार
織	ヴィギャーナム	「私」意識	विज्ञानम्

1．漢訳と原語を対比して意味を知る

　「無（ナ न）」は、サンスクリット語では「〜ない not」と否定を表す語で原文では明らかなように、「受・想・行・識」一つ一つのすべてに付けて理解する必要があります。つまり「無受（ナ・ヴェーダナー न वेदना）」→「知覚や認識がなければ」、「無想（ナ・サンギャー न संज्ञा）」→「名付けによる思考・想念は起こらず、従って姿・形あるものが現れることはなく」、「無行（ナ・サンスカーラ न संस्कार）」→「記憶の蓄積もされない」、従って、「無識（ナ・ヴィギャナム न विज्ञानम्）」→「私が形成されることもない」訳です。前述の⑪は、朝目が覚めた状態、夜、熟眠すればこの状態となります。

　さて、以下の⑱から⑳までは、実は詳しく説明されなかった⑪「受（ヴェーダナー वेदना）」、つまり「知覚・感覚器官の機能」と**想念・思考作用**、そして**私感覚**がどのようにして形成されるかの説明になります。一旦、それらが「空」であるという否定の言葉の「**ナ न（〜でない）**」を一度除いて解説します。まず、⑱から⑳まで各漢訳・読み・意味・原語の一覧表を掲げ、その内容は別表にして解説しましょう。ざっと各語句だけ目を通して下さい。

⑱　**無眼耳鼻舌身意、**（むげんにびぜっしんい）
ナ・チャクシュフ・シュロットラー・グラーナ・ジフヴァー・カーヤ・マナーンシ
न चक्षुः - श्रोत्र - घ्राण - जिह्वा - काय - मनांसि।

1．漢訳と原語を対比して意味を知る

5つの知覚器官と心

漢 訳	読 み	意 味	原 語
無	ナ	ない	न
眼	チャクシュフ	目・視覚	चक्षुः
耳	シュロットラー	耳・聴覚	श्रोत्र
鼻	グラーナ	鼻・嗅覚	घ्राण
舌	ジフヴァー	舌・味覚	जिह्वा
身	カーヤ	皮膚・触覚	काय
意	マナーンシ	心・思考	मनांसि

⑲ **無色声香味触法。** （むしきしょうこうみしょくほう）

ナ・ルーパ・シャブダ・ガンダ・ラサ・シュプラシュタヴィヤ・ダルマーハ

न - रूप - शब्द - गन्ध - रस - स्प्रष्टव्य - धर्माः।

各知覚器官と心の対象

漢 訳	読 み	意 味	原 語
無	ナ	ない	न
色	ルーパ	形あるもの	रूप
声	シャブダ	音・言葉	शब्द
香	ガンダ	臭い	गन्ध
味	ラサ	味	रस
触	シュプラシュタヴィヤ	触覚・触感	स्प्रष्टव्य
法	ダルマーハ	思考の対象	धर्माः

1．漢訳と原語を対比して意味を知る

⑳　**無眼界、乃至、無意識界。**（むげんかいないしむいしきかい）
ナ・チャクシュルダートゥフ・ヤーヴァン・ナ・マノー・ダートゥフ

न चक्षुर्धातुः यावन् न मनो-धातुः ।

各知覚器官の根源意識が「ダートゥフ」。（漢訳は**界**）

漢　訳	読　　　み	意　　　味	原　語
無	ナ	ない	न
眼界	チャクシュルダートゥフ	見ようとする意識	चक्षुर्धातुः
乃至	ヤーヴァン	以下同様に	यावन्
無	ナ	ない	न
意識界	マノー・ダートゥフ	思考作用の意識	मनो-धातुः

⑱〜⑳の**各知覚器官と心の働き、認識の対象と機能の根源意識**を一覧表にすると以下のようになります。

器官と働き	認識する対象	各々の働きの根源（ダートゥフ）	
目（視覚）	**形あるもの**	眼**界**	**見ようとする意識**
耳（聴覚）	**音・言葉**	乃至 （ヤーヴァン）	以下、同様に
鼻（嗅覚）	**臭い**		
舌（味覚）	**味**		
皮膚（触覚）	**触覚・触感**		
心・思考	**想念の対象**	意識**界**	**思考作用の意識**

朝、目が覚めますと、「私」が出現し5つの知覚器官の働きが始まります。5つの知覚器官のうち、例えば「眼」は形あるものを認識します。「耳」は音や言葉を聴きます。しかし、「見ようとする意識」（眼界）や「聴こうとする意識」（耳界）がないと、いわゆるうわの空で、ちゃんと見ていなかったり、聴いていなかったりします。

しかしながら、⑬ で説明されたように、**すべてのものには何もないという指標（しるし）が付いている**のですから、**無（眼・耳・鼻・舌・身・意）**であり、その対象となるものも、**無（色・声・香・味・触・法）**であり、当然、**無（眼界～無意識界）**であることになります。

夜、熟眠すれば、すべての知覚器官の働きは止むことから、容易に理解できることでしょう。

㉑　**無無明亦無無明尽、**（むむみょうやくむむみょうじん）
　　ナヴィッティヤー・ナーヴィッティヤー・ナヴィッティヤークシャヨー・ナ・アヴィッティヤークシャヨー
　　　न　विद्या, नाविद्या, न　विद्या-क्षयो, नाविद्या-क्षयो,

漢　訳	読　み	意　味	原　語	
	ナ・ヴィッティヤー	理解・気づきがない	न	विद्या
無無明	ナ・アヴィッティヤー	理解のなさがない	न	अविद्या
	ナ・ヴィッティヤー・クシャヨー	気づきが消えることがない	न	विद्या-क्षयो

1．漢訳と原語を対比して意味を知る

亦無無明尽	ナ・アヴィッディヤー・クシャヨー	理解のなさが消えることがない	न अविद्या-क्षयो

　空欄部のように、漢訳には、一部省略があります。「アヴィッディヤ（अविद्या 理解のなさ）」は、「無知」と一般に訳されること多い言葉だけが否定されて取り上げられているようです。しかし、すべての知覚器官の働きがなくなると、そこには「知識・理解も存在せず、知識・理解のなさも存在しない」、また、「知識・理解が消失したわけでもなく、知識・理解のなさが消失したわけでもない」。つまり、「ヴィッディヤー विद्या 理解」と「アヴィッディヤ（अविद्या 理解のなさ）」両方とも「ナ न 無」でないと原文には忠実でないことになります。

㉒　**乃至無老死、亦無老死尽。**（ないしむろうしやむろうしじん）
　　ヤーヴァン・ナ・ジャラー・マラナム・ナ・ジャラー・マラナ・クシャヨー
　　यावन् न जरा - मरणं न जरा-मरण-क्षयो,

漢　訳	読　み	意　味	原　語
乃至	ヤーヴァン	同様にして	यावन्
無	ナ	ない	न
老死	ジャラー・マラナム	老死も	जरा - मरणं
亦無	ナ	ない	न
老死尽	ジャラー・マラナ・クシャヨー	老死がなくなる	जरा-मरण-क्षयो

ヤーヴァン（यावन्）は、「同様にして」、ナ・ジャラー・マラナ
ム（न जरा - मरणं）「老いることも死ぬこともないし」、ナ・ジャラ
ー・マラナ・クシャヨー न जरा-मरण-क्षयो」、「老いること、死ぬこ
とが消失してしまうこともない」。

㉓　**無苦集滅道。**（むくしゅうめつどう）
　　ナ・ドゥフッカ・サムダヤ・ニローダ・マールガー
　　न दःख - समुदय - निरोध - मार्गा,

漢　訳	読　み	意　味	原　語
無	ナ	ない	न
苦	ドゥフッカ	苦悩	दःख
集	サムダヤ	苦悩の原因	समुदय
滅	ニローダ	消滅	निरोध
道	マールガー	方法・手段	मार्गा

　苦・集・滅・道は、「**四聖諦**（ししょうたい　チャットヴァーリ・
アーリヤ・サットヤーニ चत्वारि आर्यसत्यानि）」、つまり**四つの真理**
として知られるもので、「**苦**（ドゥフッカ दःख）」は、現実の苦し
みであり、一般に**生・老・病・死**、愛する人との別れ、嫌いな人
や憎むべき人との出会いや暮らし、また、思い通りにならないこ
となども同様に苦とされます。「**集**（サムダヤ　समुदय）」は、その
苦の原因、「**滅**（ニローダ निरोध）」は、**それを消滅させる理想の状
態**、「**道**（マールガー मार्गा）」は、その**方法・手段**の意味です。い
わゆる、**八正道**（アーリヤ・アシュタンガ・マールガ आर्याष्टाङ्ग मार्ग）
として知られ、それぞれ次のように理解されています。

33

1．漢訳と原語を対比して意味を知る

1．正見（ものごとを正しく見る）
2．正思惟（行為を始める前の意志・決意）
3．正語（正しい言語的活動）
4．正業（正しい行為）
5．正命（正しい生活）
6．正精進（勇気を持った行動）
7．正念（正しい意識と理想）
8．正定（心の静かな状態・瞑想）

　苦（現実の苦しみ）から始まるこれらすべても、「受→想→行→識」の課程を通って形成された「私意識」があるからで、そのようなものがなければ、苦・集・滅・道も、一切ないことになります。

㉔　**無智亦無得。以無所得故、**
　　（むちやくむとく。いむしょうとくこ。）
　　ナ・ギャーナム・プラプティットヴァム
　　न ज्ञानं, न प्रसित्वम् ।

漢　訳	読　み	意　味	原　語
無	ナ	ない	न
智	ギャーナム	智慧	ज्ञानं
亦無	ナ	ない	न
得、（以無）所得故	プラプティットヴァム	達成	प्रसित्वम्

　従って、「ナ・ギャーナム（न ज्ञानं）」、「何かを理解・覚知したこ

34

ともなく」、「ナ・プラプティットヴァム（न प्राप्तित्वम्）」、「何かを達
成したこともない」。

㉕　菩提薩埵、依般若波羅蜜多
　　（ぼだいさった。えはんにゃはらみた。）
　ボーディサットヴァスヤ・プラギャー・パーラミターム
　बोधिसत्त्वस्य प्रज्ञा पारमिताम्

漢　訳	読　み	意　味	原　語
菩提薩埵　＊	ボーディサットヴァスヤ	超越した智慧	बोधिसत्त्वस्य
（依）般若　＊	プラギャー	偉大な智慧	प्रज्ञा
波羅蜜多　＊	パーラミターム	心のレベルを超えた	पारमिताम्

　以上述べられたことが理解できれば、**すべての人が**ボーディサ
ットヴァ（菩薩）、いわゆる「心のレベルを超えた、偉大な智恵に
達した人」となります。それは、お釈迦さまに限ったことではな
いという点が重要です。そして、以下、㉖から㉙まで、この覚醒
者（ボーディサットヴァ）の人の境地とは、どんなものかが説明
されます。
　その前に、㉘に出てくる**涅槃**（ニルヴァーナ निर्वाणः）について
説明しておきましょう。何故なら、**菩提薩埵**（ボーディサットバ
बोधिसत्त्व）も**般若波羅蜜多**（プラギャーパーラミター प्रज्ञा
पारमिताम्）も、涅槃と同じ意味だからです。「ニルヴァーナ **涅槃**」
とは、**静かになった**（calmed）という意味で、**永遠の幸せ**と同じ
意味です。涅槃には、お釈迦さまが入滅されたことと理解してい

1．漢訳と原語を対比して意味を知る

る人も多く、確かにその意味でも使われますが、ローソクの炎が
まったく揺れ動かないほど心の波が静かになった状態のことです。

㉖　**故、心無罣礙、**（こ、しんむけげ、）
　　アーシュリッティヤ・ヴィハラティ・アチッターヴァラナハ
　　आश्रृत्य विहरति अचित्तावरणः ।

漢　訳	読　み	意　味	原　語
故		〜に依って、従って、	
	アーシュリッティヤ	（この世に）安住して	आश्रृत्य
	ヴィハラティ	過ごす、住む、生きる	विहरति
心無罣礙	アチッターヴァラナハ	心に覆いがなく	अचित्तावरणः

　従って、アーシュリッティヤ（आश्रृत्य）、「この世に安住して」、
ヴィハラティ（विहरति）「住み、過ごすことになる」。「**心無罣礙**（ア
チッターヴァラナハ अचित्तावरणः）」とは、「心穏やかで、心を覆う
障害は何もない」状態です。

㉗　**無罣礙。故、無有恐怖、**（むけげ。こ、むうくふ、）
　　チッターヴァラナハ・ナースティットヴァード
　　・アットラストー
　　　　चित्तावरण　नास्तित्वाद् अत्रस्तो

漢　訳	読　み	意　味	原　語
無罣礙	チッターヴァラナハ	心の覆い	चित्तावरण
	ナ	ない	न

	アスティットヴァード	状態	अस्तित्वाद्
故		～なので	
無有恐怖	アットラストー	恐れがない	अत्रस्तो

　前述のように「**無罣礙**（チッターヴァラナ・ナ・アスティトヴァード चित्तावरण न अस्तित्वाद्）」、「心を覆うものが何もない状態なので」、従って「**無有恐怖**（アットラスト अत्रस्तो）、つまり「何かを恐れることもありません」。

㉘　**遠離一切顛倒夢想、究竟涅槃。**（おんりいっさいてんどうむそう、くきょうねはん）

　　ヴィパルヤーサーティクラーントー・ニシュタ
　　・ニルヴァーナハ

　　विपर्यासातिक्रान्तो निष्ठ-निर्वाणः।

漢　訳	読　み	意　味	原　語
遠離（一切）	アティクラーントー	克服して超える	अतिक्रान्तो
顛倒夢想	ヴィパルヤーサハ	誤認、混乱状態	विपर्यासः
究竟涅槃	ニシュタ・ニルヴァーナハ	永遠の幸福を達成	निष्ठ-निर्वाणः

「**遠離一切顛倒夢想**（ヴィパルヤーサーティクラーントー（विपर्यासातिक्रान्तो）」とは、「ものごとを逆さまに見たり、歪んで見えて混乱が起こることを克服して」の意味です。「**究竟涅槃**（ニシュタ・ニルヴァーナ निष्ठ-निर्वाणः）」の**ニルヴァーナ**本来の意味は、前述のように「心の状態が静かで平和で揺れ動かない永遠の幸福を達成した」ことを表しています。

1．漢訳と原語を対比して意味を知る

　ところで、この涅槃は、「ダルマ・ウッダーナ　法印」、いわゆる
次に掲げる**四法印**の中の一つとして知られているものです。印と
は、**しるし**の意です。

　　1．諸行無常　（アニットヤー・サルヴァサンスカーラハ
　　　　　　　　　　अनित्या सर्वसम्स्कारः)
　　　　　　　　　常に生滅変化すること。
　　2．諸法無我　（アナートマナハ・サルヴァダルマーハ
　　　　　　　　　　अनात्मनः सर्वधर्माः)
　　　　　　　　　我とは、アースティカ（後述）のヴェーダーン
　　　　　　　　　タ・ダルシャナが根源としたブラフマン、いわ
　　　　　　　　　ゆる**梵**のことですが、この永遠不滅の存在・実
　　　　　　　　　体をブッディズムでは認めていません。
　　3．一切苦行　（ドゥフッカハ・サルヴァサンスカーラハ
　　　　　　　　　　दुःखाः सर्वसम्स्कारः)
　　　　　　　　　真理への気づき・理解のない人にとっては、一
　　　　　　　　　切の現象は苦。
　　4．**涅槃寂静**　（シャーンタム・ニルヴァーナ
　　　　　　　　　　शान्त्रतम् निर्वाण) 前述の通り。

　ここで、一番目の**諸行無常**は、すべてが流転するので仕方がな
いという諦めや虚無的で消極的な生き方とは全く逆です。**色**（し
き）、つまり、この世は舞台。ある一人の人物の役柄（role）は、
例えば、男性なら孫が来れば祖父、娘に対しては父親、家内に対
しては夫、会社では役員といった具合に刻々と変わりますが、そ
れに合わせて自らが果たすべき役割、つまり、スワダルマ（本務）

38

1．漢訳と原語を対比して意味を知る

は変化します。舞台に立った役者同様、プロとして恥ずかしくな
いような生き方が求められるのです。

㉙　**三世諸佛、依般若波羅蜜多**（さんぜしょぶつ、えはんにゃは
らみた）

**トゥリヤドヴァ・ヴィヤヴァスティターハ・サルヴァ・ブッダ
ーハ・プラギャー・パーラミターム**

त्र्यध्व - व्यवस्थिताः　सर्व-बुद्धाः, प्रज्ञा ‘ पारमिताम्

漢　訳	読　み	意　味	原　語
三世	トゥリヤドヴァ	３つの時	त्र्यध्व
	ヴィヤヴァスティタハ	確立した	व्यवस्थिताः
諸佛（依）	サルヴァ・ブッダーハ	達成した人	सर्व-बुद्धाः
般若波羅蜜多＊	プラギャー・パ　ラミターム	心のレベルを超越した偉大なる智慧	प्रज्ञा पारमिताम्

　「三世（トゥリヤドヴァ त्र्यध्व）」とは「３つの時 त्रि अध्व」、つ
まり、「現在・過去・未来」のことですが、時に関係なく、**ありの
まま（as it is.）**「今」を生きるの意。
　「心の状態が平和で揺れ動かない永遠の幸福を達成した人」、つ
まり、ブッダと言われる人物は複数あり、「**諸佛** サルヴァ・ブッ
ダーハ」と複数形で表現されます。こうして、**すべてのブッダ**は、
「**般若波羅蜜多**・プラギャーパーラミターप्रज्ञा　पारमिताम्」「心の
レベルを超越した偉大なる智慧」を持った人のことです。

39

1．漢訳と原語を対比して意味を知る

㉚　故、得阿耨多羅三藐三菩提。（こ、とくあのくたらさんみゃくさんぼだい）

アーシュリティヤ・アヌッタラーム・サンミャク・サンボーディム・アビサンブッダーハ

आश्रृत्य अनुत्तरां सम्यक् संबोधिम् अभिसंबुद्धाः ।

漢　訳	読　み	意　味	原　語
故（得）	アーシュリティヤ	～によって	आश्रृत्य
阿耨多羅　＊	アヌッタラーム	最高の	अनुत्तरां
三藐　＊	サンミャク	完全な	सम्यक्
三菩提　＊	サンボーディム	目覚め	संबोधिम्
得	アビサムブッダーハ	達成した	अभिसंबुद्धाः

　こうして正しい理解が得られると、「**故、得阿耨多羅三藐三菩提** アーシュリティヤ・アヌッタラーム・サンミャク・サンボーディム आश्रृत्य अनुत्तरां सम्यक् संबोधिम्」は、「最高の完全なる目覚めによって」、すべての人に「アビサンブッダーハ अभिसंबुद्धाः」「その境地に到達」の機会が得られることになります。

　さて、いよいよ「般若心経」も大詰めになり、最後に唱えられるマントラの素晴らしさが賞賛されます。あまりの素晴らしさのため何度も何度も褒め称える最大級の言葉が使われます。

㉛　**故知、般若波羅蜜多、是大神呪、是大明呪、是無上呪、是無等等呪、**（こち、はんにゃはらみた、ぜだいじんしゅ、ぜだいみょうしゅ、ぜむじょうしゅ、ぜむとうとうしゅ）

タスマーット・ギャータヴィヤハ・プラギャー・パーラミター・

40

1．漢訳と原語を対比して意味を知る

マハーマントラハ・マハーヴィディヤー・マントラハ・アヌッ
タラ・マントラハ・アサマ・サマ・マントラハ

तस्मात् ज्ञातव्यः प्रज्ञा- पारमिता - महामन्त्रः, महाविद्या मन्त्रः अनुत्र '
मन्त्रः, असम - सम - मन्त्रः,

漢　訳	読　み	意　味	原　語
故	タスマート	従って	तस्मात्
知	ギャータヴィヤハ	知るべき	ज्ञातव्यः
般若波羅蜜多 *	プラギャー・パラミター	心のレベルを超えた偉大なる智慧	प्रज्ञा　पारमिता
是大神呪	マハーマントラハ	偉大なマントラ	महामन्त्रः
是大明呪	マハーヴィディヤー・マントラハ	偉大な智慧のマントラ	महाविद्या-मन्त्रः
是無上呪	アヌッタラ・マントラハ	最高のマントラ	अनुत्र- मन्त्रः
是無等等呪	アサマ・サマ・マントラハ	比類なき、ストレートな	असम - सम - मन्त्रः

　「故知 般若波羅蜜多 タスマート・ギャータヴィヤハ・プラギャ
ーパーラミター」は、「従って、心のレベルを超えた偉大なる智慧
のマントラを、知るべきである」。何故なら「**是大神呪** マハーマ
ントラハ」「**是大明呪** マハーヴィディヤー・マントラハ」「**是無上
呪** アヌッタラ・マントラハ」「**是無等等呪** アサマ・サマ・マント
ラハ」、つまり、「偉大なマントラであり、偉大な智慧のマントラ
であり、最高のマントラであり、比類なきストレートなマントラ
であるから」。

41

1．漢訳と原語を対比して意味を知る

㉜　**能除一切苦、**（のうじょいっさいく）
　　サルヴァ・ドゥフッカ・プラシャマナハ
　　सर्वदःुख प्रशमनः,

漢　訳	読　み	意　味	原　語
一切苦	サルヴァ・ドゥフッカ	すべての苦悩	सर्वदःुख
能除	プラシャマナハ	取り除く	प्रशमनः

　以上のことが理解できれば、**サルヴァ・ドゥフッカ・プラシャ
マナハ（能除一切苦）**は、「すべての苦悩は取り除かれる」と言う
意味で、玄奘は、この句を⑦に持って行ったらしいということは
前述しました。

㉝　**真実不虚。故説、般若波羅蜜多呪。**（しんじつふこ。こせつ、
　　はんにゃはらみたしゅ。）
　　**サッティヤム・アミティッティャートヴァート・プラギャー・
　　パーラミターヤーン・ウクトー・マントラハ**
　　सत्यम् अमिथ्यात्वात् , प्रज्ञापारमितायान् उक्तो मन्त्रः ।

漢　訳	読　み	意　味	原　語
真実	サッティヤム	真実の	सत्यम्
不虚	アミティヤットヴァート	偽りのない	अमिथ्यात्वात्
般若波羅蜜多	プラギャーパーラミターヤーン	超越した状態で	प्रज्ञापारमितायान्
故説	ウクトー	発声された	उक्तो
呪	マントラハ	（マントラ）	मन्त्रः

42

１．漢訳と原語を対比して意味を知る

　サッティヤム・アミティッティヤートヴァート（**真実不虚**）とは、「真実で偽りのない」、プラギャー・パーラミターヤーン（**般若波羅蜜多**）、「心のレベルを超越した状態で」、ウクトー（**故説**）、「述べられた」、マントラハ（**呪**）「マントラである」となります。

㉞　**即説呪曰、**（そくせつしゅうわつ）
　　タッド・ヤター
　　तद् यथा

漢　訳	読　み	意　味	原　語
	タッド・ヤター	かくして	तद् यथा
即			
説			
呪	（マントラハ）	マントラ	（मन्त्रः）
曰			

　即説呪曰（タッド・ヤター）「そのマントラとは」。あの有名な**羯諦羯諦、波羅羯諦、波羅僧羯諦、菩提薩婆可**（ぎゃーてーぎゃーてー、はらぎゃーてー、はらそうぎゃーてー、ぼでぃそわか）です。このマントラは、**音写**、いわば原語・サンスクリット語の漢字による読み仮名、フリガナですから意味を持たせると荒唐無稽なことになります。

㉟　**羯諦羯諦、波羅羯諦、波羅僧羯諦、菩提薩婆可。**
　　（ぎゃーてーぎゃーてー、はらぎゃーてー、はらそうぎゃーてー、

43

1．漢訳と原語を対比して意味を知る

ぼでぃそわか)
ガテー・ガテー・パーラガテー・パーラサンガテー・ボーディ
ーヒ・スワハー
गते गते पारगते पारसंगते बोधिः स्वाहा

漢　訳	読　み	意　味	原　語
羯諦・羯諦	ガテー・ガテー	少しずつ努力	गते　गते
波羅羯諦	パーラガテー		पारगते
波羅僧羯諦	パーラサンガテー		पारसंगते
菩提薩婆可	ボーディーヒスワハー	祝福あれ！	बोधिः स्वाहा

① 　ガテー（गते）羯諦
② 　ガテー（गते）羯諦
③ 　パーラガテー（पारगते）波羅羯諦
④ 　パーラサンガテー（पारसंगते）波羅僧羯諦

　このマントラは、４回繰り返されていることが分かります。
ガテー（गते）は、サンスクリット動詞語根ガム（√गम्　行く）の
タッディタ（तद्धित）で過去受動分詞ガタ（गत）の位格 गते です。

　つまり、√गम्　→　गत　→　गते　と変化したものです。
意味は、（行く）→（行った）→（行くと）と変化します。

そして、３度目と４度目には、ガテーの頭に、それぞれ**パーラ**（पार）
と**パーラサン**（पारसं）という接頭辞が付いていますから、前より
少しずつ上に行っていることが分かります。

44

1．漢訳と原語を対比して意味を知る

　このマントラは、英語の分詞構文に似た、依格の特別用法（सप्तम्याः विशेषप्रयोगः）というサンスクリットの表現で、書かれています。ちょうど、英語で、

　　When Jack rode my bicycle, he ran into a rock.
　　（私の自転車に乗っている時、ジャックは、岩にぶつかった。）

　と書くところを、

Riding my bicycle, Jack ran into a rock.

と分詞を使って書く事が出来るように、同様の表現をサンスクリット、依格で書くには、上記のように、動詞語根√गम्（ガム　行く）から、過去受動分詞 गत（ガタ　行った）を作り、それを依格 गते（ガテー　あるレベルまで行くと）にします。そうすると、

यदा सः गमिष्यति ・・・, तदा ・・・ ।

（ヤダー・サハ・ガミッシャティ ・・・「彼が〜そこまで行くと ・・・」）、「タダー ・・・そうすれば ・・・」と言う表現を、簡潔に表現して、アンダーライン部は、

　(तस्मिन्) गते ・・・, （タスミンは省略して、ガテー）
とすることが出来ます。

　すると、上述のように、①　→　②　→　③　→　④

45

1．漢訳と原語を対比して意味を知る

というふうに、少しずつ理解が深まることになります。
その様子を図示すると、下図のようになりますが、それはあくまでこの般若心経に書かれた、**五蘊**と**色**と**空**の理解の度合いのことを言っています。

横線を到達点（お釈迦さまの境地）と考えます。

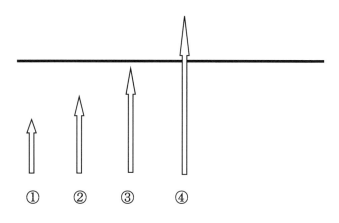

すると、マントラの意味は、こうなります。

गते गते पारगते पारसंगते, → 次第に理解（気づき）が深まると、
बोधिः। → 遂に、あなたは最高の智慧に到達しました。
स्वाहा।（「祝福あれ！」 May a blessing rest on !）

　パタンジャリは、YS（1-42〜1-51）で**4つのサマーディの段階**（註）を述べていますが、このマントラに当てはめると、それぞれ次のようになります。

46

1. 漢訳と原語を対比して意味を知る

（註）拙著『サーンキャとヨーガ』p.118 ～ p.124 を参照下さい。

①　ガテー（**サヴィタルカー・サマーディ** सवितर्का समाधिः）

②　ガテー（**ニルヴィタルカー・サマーディ** निर्वितर्का समाधिः）

③　パーラガテー（**サヴィチャーラ・サマーディ** सविचार समाधिः）

④　パーラサンガテー（**ニルヴィチャーラ・サマーディ**

　　　　　　　　　　　　　　　　　निर्विचार समाधिः）

　④のニルヴィチャーラ・サマーディとは、想念のまったく無い状態で、**完全な調和**を意味します。YS（1-48）のリタムバラと同じです。

　お釈迦さまと同じ境地ボーディーヒ（**菩提** बोधिः）は、**完全なる智慧**を意味します。その人物のことをブッダ（**बुद्धः**）と言ったわけです。従って、ブッダは、何人か存在しましたので、ブッダーハ（**बुद्धाः**）と複数形で書かれます。スワーハー（स्वाहा **薩婆可**）は、**尊敬を込めた祝福の言葉**です。このマントラの素晴らしさは、あなたもブッダになる可能性のあることです。ティック・ナット・ハンは、

　One buddha is not enough.（ブッダは、一人では不十分。）

と言いました。誰もがブッダにならないと意味がないのです。

　以上、玄奘三蔵の漢訳とサンスクリット原文を対比させて説明してきましたので、次頁にその大意をまとめておきます。

２．「般若心経」の大意

般若波羅蜜多心経
（心のレベルを超えた境地で気づかれた真理の経典の精髄）

　高貴なお方であり鳥瞰的にものごとを洞察されている全知者の釈尊は、（心のレベルを超えた）深い瞑想の状態で、日常の生活を過ごされていましたが、この世には、５つの基盤となる柱があると、常々洞察されていました。しかも、その本性は、なにもなく、そのことが理解できれば、すべての苦は取り除かれると達観しておられました。

　この世は、シャーリプットラよ。**姿・形あるもの「色」の実体**は、**何もない「空」**と同じである。しかし、**固定した実体のない**「空」は、他との関係で**姿・形あるもの「色」**として現れる。では、どうしてそのようなことが起こるのか。

　私たちは、５つの感覚器官（眼・耳・鼻・舌・身）と心を使ってものごとを知覚し、名付けを行い、言語で思考します。それは、記憶され蓄積されます。その人の生まれた家庭、学校を含め受けた教育は、すべてその人の人格の中に記憶として埋め込まれます。また、人生の過程の中での経験や体験などもすべて記憶され呼び出されては更新され新たな記憶として蔵にしまい込まれます。この一連の繰り返しによって、その人を形作る**個別意識**、つまり、**その人特有の心が形成**されます。それが**私**（アハム अहम्）と言っているものです。

　しかし、この世においては、シャーリプットラよ。すべての事物には、**何もないという指標（しるし）**が付いている。従って、

シャーリプットラよ。

固定した実体のない中には、姿・形あるものはない。知覚や認識がなければ、名付けによる思考・想念は起こらず、従って姿・形あるものが現れることはなく、記憶の蓄積もされない。従って、*私*が形成されることもない。

目（視覚）、耳（聴覚）、鼻（嗅覚）、舌（味覚）、皮膚（触覚）、心（思考）がなければ、その対象となる、形あるもの、音・言葉、臭い、味、触覚・触感、想念の対象もなく、見ようとする意識から思考作用の意識までもない。つまり、理解・気づきがないことも、理解のなさがないことも、気づきが消えることがないことも、理解のなさが消えることがないことも一切がないことになる。

同様にして、老死もなく、老死がなくなることもない。苦悩も、苦悩の原因も、苦悩の消滅も、その方法・手段もない。智慧も、智慧の達成もない。

以上のことが理解できれば、超越した智慧、偉大な智慧の達成であり、あなたもボーディサットヴァ（菩薩）、いわゆる「心のレベルを超えた、偉大な智慧に達した人となります。その心境とは、（この世に）安住して、生き、心に覆いがなく、心に覆いがないので、恐れがなく、すべてを克服して、ものごとがそのまま見え、永遠の幸福を達成し、心静かに平和で揺れ動かない永遠の幸福を達成した状態です。

過去、現在、未来の３つの時には関係なく、この今をありのままに生き、心のレベルを超越し、偉大なる智慧を確立した人は、今や最高の完全な目覚めを達成しました。

従って、知るべきは、心のレベルを超えたマントラ、偉大なマントラ、偉大な智慧のマントラ、最高のマントラ、比類なき、ス

2.「般若心経」の大意

トレートな、真実の、偽りのない、超越した状態で述べられたマントラ。

　そのマントラとは・・・

　　ガテー・ガテー・パーラガテー・パーラサンガテー・
　　ボーディーヒ・スワハー

　　गते गते पारगते पारसंगते बोधिः स्वाहा

3．アースティカとナースティカ、「般若心経」とヨーガ

　インドでは、ヴェーダを基盤とする理解の仕方・観点によって、一般に「六派哲学（six schools）」とか、「インド哲学の6体系」とか呼ばれている6つの**ダルシャナ（दर्शन）**があります。いわゆる西洋で言うところの**哲学**（philosophy）という用語に相当する言葉はインドにはなく、ダルシャナとか、ドゥリシュティ（दृषिः）といった方がふさわしいのです。

　その1つの流れは、ヴェーダを基盤とした本流のアースティカ（आस्तिक）で、orthodox と言われ、サーンキャ（साम्ख्य）、ヨーガ（योग）、プールヴァ・ミーマーンサー（पूर्वमीमांसा）、ヴェーダーンタ（वेदांत）、ニャーヤ（न्याय）、ヴァシェーシカ（वेशेषिक）があります。もう1つの流れは、ナースティカ（नास्तिक）で、heterodox と言われ、ヴェーダを拒否、または、無視する支流でブッディズム（बुद्धिस्म्）、ジャイニズム（जैनिस्म्）、チャールヴァーキズム（चार्वाकिस्म् 唯物主義）があります。

　「般若心経」は、そのナースティカに当たり、㉘で取り上げたように**我（梵）**、永遠不滅の存在・実体としてのブラフマンをブッディズムでは認めていません。つまり、根源としての実在が在るから顕現する、「在るから在る」という見方をせずに、「般若心経」における**色と空**の関係は、既に⑨で説明しましたように**縁起・因縁説**（縁りて起こる、ある条件によって起こる प्रतीत्य समुत्पाद）とされます。また、**因中有果論**（सत्कार्यवाद）いう立場をとり、結果は単に原因が結果として表れたものに過ぎず、逆に言えば、原因は結果に内在していて、すべての現象は、原因のすべてが現れたものなので**因中・有果**という訳です。

51

3. アースティカとナースティカ、「般若心経」とヨーガ

　また、「シュヴェーターシュワタラ・ウパニシャッド」(श्वेताश्वतर उपनिषद्) 第6章の詩句13に見られようなヨーガという言葉も、アースティカのサーンキャやヨーガでは見られるものの、ブッディズムでは、見かけません。

　しかし、使われる用語はともかく、非常に似通ったダルシャナが見られますので、いわゆる目に見える状態（ヴィヤクタ）と目に見えない状態（アヴィヤクタ）とを、アースティカとナースティカは、どのように説明しているかを以下図示しながらみておくことにしましょう。

a．「サーンキャ」の場合

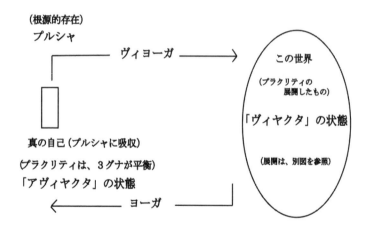

　上図の様にサーンキャでは、目に見えない状態（アヴィヤクタ अव्यक्त）は、ヨーガ、いわゆる1つになった状態であり、永遠で根源的な存在のプルシャ（पुरुष）と一体となった状態を表します。逆に、目に見える状態（ヴィヤクタ व्यक्त）とは、同じように目に

見えない状態であったエネルギーの**プラクリティ**（प्रकृति）の３つ
のグナのバランス状態が崩れ、**ヨーガ（完全に調和した１つ）**の
状態から離れて（**ヴィヨーガ**）、ムーラプラクリティが**自己展開**し
変化していく状態を意味します。

　この説明は、現代における最先端の素領域理論（註）に似て当時
としては非常に科学的な説明となっています。詳しくは、拙著『サ
ーンキャとヨーガ』をご覧いただきたいのですが、概略を説明し
ますと、次のようになります。

　　（註）湯川秀樹博士が提唱された素領域理論を保江邦夫氏は「完全調和の
　　　　自発的破れ」から説明されています。(『甦る素領域理論〜神の物理学』)

　３つのグナの平衡状態が崩れるとムーラプラクリティから展開
が始まり、まず、マハット（ブッディ）からアハンカーラが生ま
れます。このアハンカーラは、２方向に分かれ、１つは、ヴァイ
クリタ・アハンカーラ（वैकृत - अहङ्कार）として**５つの感覚器官**と
心と**５つの行動器官**に、もう１つは、ブーターディ・アハンカー
ラ（भूतादि - अहङ्कार）として**５つのタンマートラ**が展開します。
これらの展開は、タイジャサ・アハンカーラ（तेजस - अहङ्कार）が
手助けします。そして、タンマートラから５つのマハーブータが
生まれます。この説明は、「サーンキャ・カーリカー」（以下、**SKI**
と略記）詩句２５にあります。

　**ヴァイクリタ・アハンカーラから、１１のサトヴィックなものが生まれ、
　ブーターディ・アハンカーラから、ターマシックなタンマートラが生ま
　れる。タイジャサ・アハンカーラは、この両方の手助けをする。（２５）**

53

3．アースティカとナースティカ、「般若心経」とヨーガ

सात्त्विक एकादशकः प्रवर्तते वैकृतादहङ्कारात् ।
भूतादेस्तन्मात्रः स तामसः, तैजसादुभयम् ॥२५॥

サートゥヴィカ・エーカーダシャハ・プラヴァルタテー・ヴァイクリターダハンカーラート
ブーターデスタンマートラハ・サ・ターマサハ・タイジャサードゥバヤム

（註）सात्त्विक サトヴィックなもの、एकादशकः　１１の、प्रवर्तते　生
まれる、वैकृतादहङ्कारात्　ヴァイクリタ・アハンカーラから、भूतादेः
ブーターディ・アハンカーラ　तन्मात्रः　タンマートラ、तामसः　タ
マ、तैजसात्　タイジャサ・アハンカーラから、उभयम्　両方の（手
助け）、

　次頁の図のように、アハンカーラは、２つの流れとして非常に
リアルにわれわれの周辺（タンマートラとマハーブータ）と人間
としての身体（シャリーラ शरीर）が形成されていくプロセスが描
かれていることが分かります。
　アヴィヤクタ（目に見えない状態）とヴィヤクタ（目に見える
状態）の関係は、ヨーガとヴィヨーガの関係として説明されるほ
か、ヴィヴァルタヴァーダ（विवर्तवाद）としても説明されます。**ヴ
ィヴァルタとは、見かけ上の変化**であって、**再び元に戻る**ことが
できます。一方、ヴィカーラ（विकार）は、**再び元に戻らない変化**
のことです。コインの金貨と金の関係は前者に当たり、牛乳とヨ
ーグルトの関係は、後者に当たります。つまり、プラクリティの
展開は、朝目が覚めるとアヴィヤクタ（目に見えない状態）→ヴィ
ヤクタ（目に見える状態）となりますが、夜、夢を見ないで熟
眠すれば、再び、ヴィヤクタ（目に見える状態）→アヴィヤクタ

3．アースティカとナースティカ、「般若心経」とヨーガ

（目に見えない状態）へと戻ります。毎日、われわれが体験していることです。

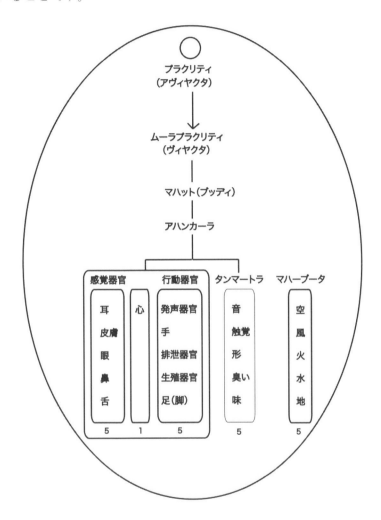

ここで最も重要なことは、プルシャとプラクリティを混同しないことです。プルシャは、創られたものではないし、何も生み出しません。展開し、ひとときも休まずに変化し続けるものはプラ

55

3．アースティカとナースティカ、「般若心経」とヨーガ

クリティ（SKI 3）です。従って、ｃ．のヴェーダーンタ・ダルシャナ（５９頁）では、**マーヤー（幻影）**という表現をしています。

ｂ．ヨーガ・ダルシャナの場合

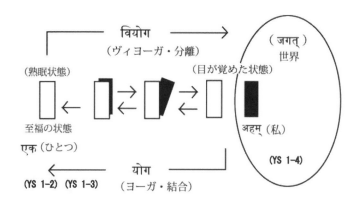

ヨーガ・ダルシャナの場合もサーンキャ・ダルシャナを基盤にしていますから同様です。熟眠時は、至福の状態であり、これが**ヨーガ（完全調和した１つ）**。そして、目が覚めると同時に現れる**この世界**は、**ヴィヨーガ（サーンキャの説明と同じ）**の状態です。

「ヨーガスートラ」（YS 1-2）で**ヨーガの状態**は、次のように説明され**ヨーガに至る実践**の道を「八肢ヨーガ」として示します。

ヨーガとは、心の動き（チッタ・ヴリッティ）が静止した状態のことである。（１−２）

योगश्चित्तवृत्तिनिरोधः ॥२॥
ヨーガハ・チッタ・ブリッティ・ニローダハ

3. アースティカとナースティカ、「般若心経」とヨーガ

(註) योगः ヨーガとは、चित्त チッタ、心、वृत्ति 動き、निरोधः 静止、

YS 2-29 記載の「八肢ヨーガ」は、「マイトリー・ウパニシャッド (मैत्र्युपनिषद्)」（6 − 1 8）の詩句を根拠に大胆な仮説を立ててみると次の図のようになります。

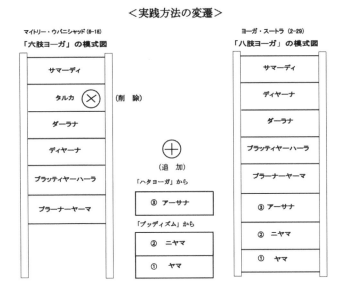

＜実践方法の変遷＞

「マイトリー・ウパニシャッド (मैत्र्युपनिषद्)」の詩句では、「六肢ヨーガ」が実践方法として述べられています。

適切な実践方法とは、プラーナーヤーマ、プラッティヤーハーラ、ディヤーナ、ダーラナ、タルカ、サマーディで、「六肢（ヨーガ）」と言われる。（6−18）
तथा तत्प्रयोगकल्पः प्राणायामः प्रत्याहारो ध्यानं धारणा तर्कः समाधिः षडङ्ग इत्युच्यते योगः। (६-१८)

57

3. アースティカとナースティカ、「般若心経」とヨーガ

(註) तथा さて、तत् प्रयोगकल्पः 適切な実践方法とは、प्राणायामः プラーナーヤーマ、प्रत्याहारः プラッティヤーハーラ、ध्यानं ディヤーナ、धारणा ダーラナー、तर्कः タルカ、समाधिः サマーディ、षडङ्ग योगः 六肢ヨーガ、इति ～と、उच्यते 言われる、～である、

　パタンジャリは、ここから**タルカ**を削除し、「ハタヨーガ」から**アーサナ**を、ブッディズムから**ヤマ、ニヤマ**を加えて「八肢ヨーガ」としたと考えられます。そして、サマーディの説明に当たっては、その段階を、それぞれ下図の様に説明しました。

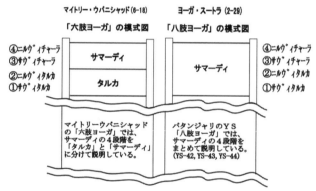

マイトリー・ウパニシャッド、「六肢 (षडङ्ग) ヨーガ」のタルカ (तर्कः) とは**論理**という意味で、私感覚はなくなっているものの、①サヴィタルカ・サマーディでは、まだ言葉と意味内容とが混在しています。②ニルヴィタルカ・サマーディでは、クリスタルのように歪み無くストレートに見えている状態です。
　さらに、③サヴィチャーラ・サマーディになれば、完全にタルカが無くなった状態ですが、観察者は観察者、観察されるものは観察されるものという状態は残ったままです。④ニルヴィチャーラ・サマーディこそ、この状態も無くなった、１つの状態です。

c．ヴェーダーンタ・ダルシャナの場合

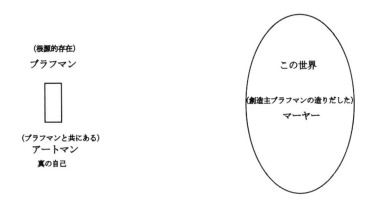

　ヴェーダーンタ・ダルシャナでは、サーンキャ・ダルシャナで説明された用語に変化が起こります。

　サーンキャ・ダルシャナでは、不変の根源たるプルシャとエネルギーに当たるプラクリテを分けて説明していましたが、ヴェーダーンタ・ダルシャナでは、1つのブラフマンしか認めず、彼は**創造主**（creator）でもあり、すべての**支配者**（ruler）です。

　その経典「ブラフマ・スートラ」（以下、BSと略記）では、そのことを次に様に述べています。

ブラフマンが、この世の根源である。

जन्माद्यस्य यतः। (1.1.2)
　ジャンマードゥヤスヤ・ヤタハ
　（註）जन्मादि 根源など、अस्य この世の、यतः そこから、

3．アースティカとナースティカ、「般若心経」とヨーガ

また、

シュルティにもそう書かれている。

शुतत्वाच। (1.1 .11)

シュルタトヴァーッチャ

（註）शुतत्वात् シュルティに書かれている、च ～にも、

　「シュルティに書かれている」とは、実際にはシュヴェータ・シュワタラ・ウパニシャッドの（6－9）のことを指していますので、ブラフマンとは、すべてのものの唯一の根源であるという意味です。

　この世界において彼の他に主は存在せず、支配者はいない。
他に根源は見あたらない。彼こそ器官の守護神（至高者）。他に指揮者はいない。

न तस्य कश्चित् पतिरस्ति लोके न चेशिता नैव च तस्य लिङ्गम् ।
स कारणं करणाधिपाधिपो न चास्य कश्चिज्जनिता न चाधिपः ॥ ६ - ९॥

ナ・タスヤ・カシュチット・パティラスティ・ローケー・ナ・チェーシター・ナイヴァ・チャ・タスヤ
リンガム　サ・カーラナム・カラナーディパーディポー・ナ・チャースヤ・カシュチッジャニター・
ナ・チャーディパ ハ

　　（註）न कश्चित् पतिः 支配者はいない、तस्य 彼の、लोके この世界で、न ईशिता
　　　彼を統治する者はいない、न एव च さらに～ない、तस्य 彼に関して、लिङ्गम्
　　　推論の根底、सः कारणं 彼こそ根源、करणाधिप - अधिपः 器官の守護神、至
　　　高者、जनिता 始まり、अधिपः 支配者、

60

また、根源であり、支配者としての本性も BS に次のように書
かれています。

**内なる支配者はブラフマンである。全宇宙の支配、それが至高者
たるものの本性である。**

अन्तर्याम्यधिदैवादिषु तद्धर्मव्यपदेशात् ।（1.2.18）

アンタルヤーミャディダイヴァーディシュ・タッダルマウ゛ィヤパデーシャート

（註）अन्तर्यामि　内なる支配者、अधिदैवादिषु　神々など、तत्　この、धर्म　本性、
व्यपदेशात्　記述から、

ヴェーダーンタ・ダルシャナについては、特に BS のことは、
従来、あまり詳しく述べた書が日本にはありませんので、この際
もう少し見ておくことにしましょう。

目には見えないなどは、ブラフマンの本性として挙げられる。

अदृश्यत्वादिगुणको धर्मोक्तेः ।　（1.2.21）

アド゛ゥリシュャトヴ゛ァーディグ゛ナコー・ダルマークテヘ

（註）अदृश्यत्व　目に見えない、आदि　などは、गुणकः　本性として持つ、धर्मोक्तेः
〜について言及するとき、

これは、サーンキャ・ダルシャナでの**プルシャ**と同じことを述
べています。ブラフマン以外の根源は他にはなく、永遠で、あら
ゆる姿・形をとって顕れる**マーヤー**の元です。ただ、注意すべき
は、サーンキャでは、エネルギーにあたる**プラクリティ**は分けて

61

説明し、目に見えなくなったり（アヴィヤクタ）、目に見える姿・形（ヴィヤクタ）をとって顕れたりしますので、両者を混同しないようにして下さい。次に、

すべての人、生き物に入っているもの、それはブラフマンである。

वैश्वानरः साधारणशब्दविशेषात् ।　(1.2.24)
ヴァイシュワーナラハ・サーダーラナシャブダヴィシェーシャート

　（註）वैश्वानरः　すべての人、生き物、साधारण शब्द　当然のこと、विशेषात्
　　　　特徴として入っている、

　私たち肉体を持った存在も彼の創り出したものであり、マーヤーに過ぎませんが、**アートマン**を宿しています。ここでも注意すべきは、アートマン＝ブラフマンではありません。よくそういった記述を目にしますが、**ブラフマンと共にある存在としてのアートマン**であることに注意して下さい。このことについては、

一人一人の自己も（ブラフマンではない）。

प्राणभृच्च ।　(1.3.4)
プラーナブリッチャ

　（註）प्राणभृतः　真の自己とされるもの、च　〜も、

　ブラフマンが、アートマンではありません。真の自己（アートマン）とは、繰り返しますが、**ブラフマンと共にあるアートマン**であって、ブラフマンなしのアートマンはあり得ません。

一人一人の魂も（ブラフマンではない）。

भेदव्यापदेशात् ।（1.3.5）

ベーダ゛ヴィヤーパ゛デーシャート

（註）भेदव्यापदेशात्　注意すべき違い、

　従って、よく**魂**とか、**soul** とか言われるものもブラフマンでは
ありません。ブラフマンなくして、これらの存在はないのです。

ブラフマンとは、実体のことを言っている。

प्रकरणात् ।（1.3.6）

プ゛ラカラナート

（註）प्रकरणात्　実体のこと、

　ブラフマンとは、根源であり、実体のことを言っているので、
ブラフマンなしには、何も存在出来ないのです。

静かにただずむ者と食を楽しんでいるものとは異なる。

स्थित्यदनाभ्यां ।（1.3.7）

スティテットヤダ゛ナービ゛ヤーム

（註）स्थिततिः　じっとその場にいる者、अदनाभ्यां　食べている者、

　これは、リグヴェーダにある有名なマントラのことです。

美しい羽根の2羽の鳥が、いつも仲睦まじく同じ樹にとまっている。
そのうちの一羽は木の実を美味しそうに啄んでいるが、もう一羽は、
それをただ見ているだけだ。（リグヴェーダ　1－164－20）

3．アースティカとナースティカ、「般若心経」とヨーガ

द्वा सुपर्णा सयुजा सखाया समानं वृक्षं परिषस्वजाते ।
तयोरन्यः पिप्पकलं स्वादु अति अनश्नन् अन्यः अभिचाकशीति ॥

(ऋग्वेद ९ - १६४ - २०)

ドゥヴァー・スパルナー・サユジャー・サカーヤー・サマーナム・ヴリクシャム・パリシャスワジャーテー

タヨーランヤハ・ピッパカラム・スワードウ・アッティ・アナシュナム・アンニャハ・アビチャーカシーティ

(註)द्वा सुपर्णा 美しい羽根の２羽の鳥、सयुजा いつも一緒に、सखाया 仲睦まじく、
समानं वृक्षं 同じ樹に、परिषस्वजाते とまっている、तयोः अन्यः その内の一羽
は、पिप्पकलं 木の実を、स्वादु 美味しそうに、अति 啄んでいる、अनश्नन् 食
べずに、अन्यः もう一羽は、अभिचाकशीति ただ見ているだけ、

　ブラフマンによって創造されたわれわれは、この世で食に限
らず、あらゆることを楽しんでいます。しかしブラフマンは、
それをただ眺めている存在です。同句は、ムンダカ・ウパニシ
ャッド（3－1－1）にもあります。さらに、

　**ブーマーとは、ブラフマンのことである。それは至福に満ちた状
態である、と経典は教示している。**
भूमासम्प्रसादादध्युपदेशात् । (1.3.8)

ブーマーサムプラサーダーダドゥユパデーシャート

(註) भूमा 広大無辺の、सम्प्रसादात् 至福の状態、अधि 至高の、उपदेशात्
　　（経典は）教示している、

　それはちょうど熟眠の状態、至福の状態が、目が覚めている時
も、そのまま留まった状態で、ブラフマンと共にあるアートマン

64

に吸収された状態です。熟眠すればブラフマンに吸収され、再び、目が覚めればマーヤー（幻影 illusion）としてこの世に姿を見せます。このあたりは、ヴィヴァルタバーダ、もとへ戻ることが確認されます。チャンドーギャ・ウパニシャッド（7－23－1）にも同じような句があります。

広大無辺のものこそ至福の喜び、限りあるものには存在しない。
尊敬すべきお方！この無限のものを知ることが願い！

यो वै भूमा तत्सुखं नाल्पे सुखमस्ति भूमैव सुखं भूमा त्वेव विजिज्ञासितव्य
इति भूमानं भगवो विजिज्ञास इति । (7.23.1)

ヨー・ヴァイ・ブーマー・タッツスカム・ナールペー・スカマスティ・ブーマイヴァ・スカム・
ブーマー・ツヴェーヴァ・ヴィジギャーシタヴィヤ・イティ・ブーマーナム・バガヴォー・
ヴィジギャーサ・イティ

（註）यः वै भूमा　まさに、広大無辺の、न अल्पे सुखम् अस्ति　至福の状態が、その中にある、भूम एव सुखम्　この無限のものこそ喜び、विजिज्ञासितव्य　知るべきこと、

この根源たるブラフマンを知ることこそヴェーダーンタ・ダルシャナの目的です。

彼こそ目覚めるべき名前として挙げるブラフマン。
ईक्षतिकर्मव्यपदेशात्सः । (1.3.13)

イークシャティカルマヴィヤパデーシャーッサハ

（註）ईक्षति　知ること、目覚めること、कर्म　事柄、व्यपदेशात्　気づくべき、सः　彼、ブラフマン、

3. アースティカとナースティカ、「般若心経」とヨーガ

そして、ここへの到達は、同じヴェーダーンタ・ダルシャナの
経典とされる「バガヴァッド・ギーター」の第８章２１にも見ら
れます。

目に見えず不滅と呼ばれるもの、それが至高のゴール。
そこに達すれば、戻らない。そこが最高の住み処。

अव्यक्तोऽक्षर इत्योक्त स्तमाहुः परमां गतिम् ।
यं प्राप्य न निवर्तन्ते तद्धाम परमं मम ॥ (८- २१)

アヴィヤクトークシャラ・イッツヨークタ・スタマーフフ・パラマーン・ガティム
ヤム・プラーピャ・ナ・ニヴァルタンテー・タッドダーマ・パラマム・ママ

(註) अव्यक्तः 目に見えない、अक्षर 不滅の、इति それが、उक्तः 〜と言われ
た、ताम् それ、आहुः 〜という、परमाम् 至高の、गतिम् ゴール、
यम् 〜でああるところの、प्राप्य 到達、न 〜しない、निवर्तन्ते 戻る、
तद् そこ、धाम 住み処、परमम् 最高の、मम 私の、

ヴェーダーンタ・ダルシャナにおける、真の自己、ブラフマン
と共にあるアートマンへの没入は、**サットカールナ・ヴァーダ**
（सत्कारणवाद）とも言われています。ブッディズムのサットカー
ルヤ・ヴァーダ（因中有果論 सत्कार्यवद）との違いは、**顕れでて
きたもの**（ヴィヤクタ व्यक्त）は、原因となったものから創造され、
因がそのままの**姿**で顕れたものではない、という点です。
　「バガヴァッド・ギーター」（全１８章）は、全章「ヨーガ」の
ことが書かれた経典で、アルジュナに代表されるわれわれが、**ヨ
ーガの状態からどのくらい離れているか（ヴィヨーガ）**が、クリ
シュナを通じて明らかにされます。

66

3．アースティカとナースティカ、「般若心経」とヨーガ

d．シャンカラの場合

　アーディ・シャンカラ（आदि शङ्कर）には、ニルヴァーナシャタ
カム（निर्वाणाष्टकम्）という6つの詩句からなるダルシャナがあり
ます。(以下のサンスクリット原文は、गीता - सार　practical application by
D.A.Dasei などを参照)
　シャンカラは、ヴェーダーンタ・ダルシャナを代表する人物で
す。ここではブラフマンのことを私（अहम्）と表現しています。
6つの詩句は、同じようなリズムを持つ響きで魅了されます。

1．私は、心でも、ブッディでも、アハンカーラでも、チッタで
　　もない。耳でも、舌でも、鼻でも、眼でも、水でも、地でも、
　　火でも、風でもない。永遠の幸せ（サット・チット・アーナ
　　ンダ）、シヴァが、私だ。

मनोबुद्धि अहङ्कारचितानि नाहं न च श्रोत्रजिह्वे　न च घ्राणनेत्रे ।
न च व्योम भूमिर्न तेजो न वायुः चिदानन्दरूपः शिवोऽहं　शिवोऽहम् ।१।
マノーブッディ・アハンカーラーチターニ・ナーハム・ナ・チャ・シュロートラジフヴェー・
ナ・チャ・グラーナネートレー
ナ・チャ・ヴィヨーマ・ブーミルナ・テージョー・ナ・ヴァーユフ・チダーナンダルーパハ・
シヴォーハム・シヴォーハム

（註）मनः　心、बुद्धि　ブッディ、अहङ्कार　アハンカーラ、चितानि　チッタ、न　～で
　　　はない、अहं　私、च　そして、श्रोत्र　耳、जिह्व　舌、घ्राण　鼻、नेत्र　眼、
　　　व्योमन्　水、भूमिः　地、तेजः　火、वायुः　風、चिदानन्दरूपः至高の幸せ、至福、
　　　शिवः　シヴァ、अहम्　私、

67

3. アースティカとナースティカ、「般若心経」とヨーガ

　サーンキャの展開図で示されたものは、すべてマーヤー（幻影）に過ぎない、とシャンカラは述べていますが、このことは次句でも同様です。ここでは、まず、5つの知覚器官とマハーブータがマーヤーとして否定されています。

2. 私は、5気（プラーナ）でも、7つの構成要素でも、5つのコーシャでも、5つの行動器官でもない。永遠の幸せ（サット・チット・アーナンダ）、シヴァが、私だ。

　　न च प्राण संज्ञा न वै पंचवायुर्न वा सप्तधातु न वा पंचकोशः ।
　　न वाक्पाणिपादं न चोपस्थपायु चिदानन्दरूपः शिवोऽहं शिवोऽहम्
　　　　　　　　　　　　　　　　　　　　　　　　　　　　॥२॥

　ナ・チャ・プラーナ・サンギャー・ナ・ヴァイ・パンチャヴァーユルナ・ヴァー・

　サプタダートゥ・ナ・ヴァー・パンチャコーシャハ

　ナ・ヴァークパーニパーダム・ナ・チョーパスタパーユ・チダーナンダルーパハ・

　シヴォーハム・シヴォーハム

（註）न 　～ではない、च 　そして、प्राण संज्ञा プラーナ（アパーナ、プラーナ、サ
　　マーナ、ヴィヤーナ、ウダーナの調和）、न वै 　また～でもない、पंचवायुः
　　5気、वा 　また、सप्तधातु 　7つの構成要素（血液、神経、骨、皮膚、骨髄、筋
　　肉、精液）、पंचकोशः 　5つの鞘、アンナマヤ、プラーナマヤ、マノーマヤ、ヴ
　　ィギャーナマヤ、アーナンダマヤの5コーシャ、वाक्पाणिपादं उपस्थपायु 　5つ
　　の行動器官（発声器官、手、足、排泄器官、生殖器官）、चिदानन्दरूपः 至高の幸
　　せ、至福、शिवः 　シヴァ、अहम् 　私、

　次いで、この詩句では、5つの行動器官と7つの構成要素、さらに、5つの鞘（アンナマヤ、プラーナマヤ、マノーマヤ、ヴ

68

3．アースティカとナースティカ、「般若心経」とヨーガ

ィギャーナマヤ、アーナンダマヤの５コーシャ）もマーヤーであ
ることを述べています。

3．私は、対になるもの、いわゆる、好き・嫌い、貪欲と離欲、
　狂気と嫉妬でもなく、人生４つの目的（ダルマ、アルタ、カ
　ーマ、モークシャ）でもない。永遠の幸せ（サット・チット・
　アーナンダ）、シヴァが、私だ。

न मे द्वेषरागौ न मे लोभमोहौ मदो नैव मे नैव मात्सर्यभावः । न धर्मो
न चार्थो न कामो न मोक्षः चिदानन्दरूपः शिवोऽहं शिवोऽहम् ।३।
ナ・メー・ドゥヴェーシャラーガウ・ナ・メー・ローバモーハウ・マドー・ナイヴァ・メー・
ナイヴァ・マーッサルヤバーヴァハ
ナ・ダルモー・ナ・チャールトー・ナ・カーモー・ナ・モークシャハ・チダーナンダルーパハ・
シヴォーハム・シヴォーハム

（註）न मे　私にとっては〜ではない、द्वेषरागौ　好き嫌い、लोभमोहौ　貪欲と
　　　離欲、मदो　मात्सर्यभावः　狂気と嫉妬、न　एव　また〜でもない、न धर्मो
　　　न च अर्थो　न कामो　न मोक्षः　人生４つの目的、ダルマ、アルタ、カーマ、
　　　モークシャでもない、चिदानन्दरूपः　至高の幸せ、至福、शिवः　シヴァ、
　　　अहम्　私、

　この詩句と次句の内容は、同じヴェーダーンタ・ダルシャナの
経典「バガヴァッド・ギーター」でもいくつかの詩句に見られま
すが、その中から、第２章３８を一つの例として挙げます。

　幸・不幸、損・得、勝利・敗北などの対極を同じように保持して
戦いに立ち向かえ。そうすれば、邪悪さとは無縁だ。

69

３．アースティカとナースティカ、「般若心経」とヨーガ

सुखदुःखे समे कृत्वा लाभालाभौ जयाजयौ ।
ततो युद्धाय युज्यस्व नैव पापवाप्स्यसि ॥ (२ - ३८)

スカドゥフケー・サメー・クリトヴァー・ラーバーラーバウ・ジャヤージャヤウ

タトー・ユッダーヤ・ユッジャスヴァ・ナイヴァ・パーパ ヴァープ スヤシ

（註）सुखदुःखे 幸・不幸、समे 同じに、कृत्वा 行って、लाभालाभौ 損得、जयाजयौ
　　勝利・敗北、ततः そうすれば、युद्धाय 戦いに、युज्यस्व 立ち向かえ、न
　　〜にならない एव そうすれば、पापम् 邪悪さ、罪、आप्स्यसि 招く、被る、

　対立する２つの極を、そのまま公平に行い（対処して）保持す
る姿勢はギーターの特徴です。

４．私は、この世の対極、いわゆる、聖・悪、幸・不幸ではない。
　また、マントラ・聖地、ヴェーダ・祭祀でもない。食物・食
　物を取る課程・食物を取る人でもない。また、ヴェーダでも
　なければ、祭祀でもない。永遠の幸せ（サット・チット・ア
　ーナンダ）、シヴァが、私だ。

न पुण्यं न पापं न सौख्यं न दुःखं न मन्त्रो न तीर्थं न वेदा न यज्ञाः ।
अहं भोजनं नैव भोज्यं न भोक्ता चिदानन्दरूपः शिवोऽहं शिवोऽहम् ।४।

ナ・プンニヤム・ナ・パーパム・ナ・サウキャム・ナ・ドゥフカム・ナ・マントロー・ナ・

ティールタム・ナ・ヴェーダー・ナ・ヤギャーハ

アハム・ボージャナム・ナイヴァ・ボージャヤム・ナ・ボークター・チダーナンダルーパハ・

シヴォーハム・シヴォーハム

（註）न 〜ではない、पुण्यं 聖、पाप 悪、सौख्यं न दुःखं 幸・不幸、मन्त्रः マントラ、
　　तीर्थं 聖地、वेदा ヴェーダ、यज्ञाः 祭祀、भोजन 食物を取ること、भोज्यं

70

郵便はがき

５４３８７９０

（受取人）

大阪市天王寺区逢阪二の三の二

東方出版 愛読者係 行

料金受取人払郵便

天王寺局
承認
17

差出有効期間
2020年3月21
日まで

（有効期間中
切手不要）

〒

●ご住所

ふりがな　　　　　　　　TEL
ご氏名　　　　　　　　　FAX

●購入申込書 (小社へ直接ご注文の場合は送料が必要です)

書名	本体価格	部数
書名	本体価格	部数

指定店名	取
住所	次

愛読者カード

●ご購読ありがとうございます。このハガキにご記入いただきました個人情報は、ご愛読
　者名簿として長く保存し、またご注文品の配送、確認のための連絡、小社の出版案内
　のために使用し、他の目的のための利用はいたしません。

●お買上いただいた書籍名

●お買上書店名

　　　　　　　県　　　　　郡
　　　　　　　　　　　　　市　　　　　　　　　　　　　　　　書店

●お買い求めの動機 (○をおつけください)

　1. 新聞・雑誌広告 (　　　　　　　　　)　　　2. 新聞・雑誌記事 (　　　　　　　　　)

　3. 内容見本を見て　　　　　　　　　　　　4. 書店で見て

　5. ネットで見て (　　　　　　　　　)　　　6. 人にすすめられて

　7. 執筆者に関心があるから　　　　　　　　8. タイトルに関心があるから

　9. その他 (　　　　　　　　　　　　　　　　　　　　　　　　　　　)

●ご自身のことを少し教えてください

　◉ご職業　　　　　　　　　　　　　　年齢　　歳　　男・女

　◉ご購読の新聞・雑誌名

　◉メールアドレス(Eメールによる新刊案内をご希望の方はご記入ください)

通信欄 (本書に関するご意見、ご感想、今後出版してほしいテーマ、著者名など)

3. アースティカとナースティカ、「般若心経」とヨーガ

食物、भोक्ता 食物を食べる人、चिदानन्दरूपः 至高の幸せ、至福、शिवः シヴァ、अहम् 私、

　ここで、食物・食物を取ること・食物を取る人という表現は、インドで、よく用いられ、ある行動とか振る舞いを３つの状態に分けて述べます。他の例では、享受する対象・享受すること・享受者のように表現します。この詩句では、その一連のプロセスもブラフマンとは関係がないと否定しています。

5．私にとって、死への恐れ、生まれ育ちといったものはなく、
　　父、母、生誕、兄弟、友だち、グル、弟子が誰であれ、そん
　　なものではない。永遠の幸せ（サット・チット・アーナンダ）、
　　シヴァが、私だ。

न मृत्युर्न शङ्का न मे जातिभेदो पिता नैव मे नैव माता न जन्म ।
न बन्धुर्न मित्रं गुरुनैव शिष्यः चिदानन्दरूपः शिवोऽहं शिवोऽहम् ।५।

ナ・ムリッツユルナ・シャンカー・ナ・メー・ジャティベードー・ピター・ナイヴァ・メー・ナイヴァ・マーター・ナ・ジャンマ

ナ・バンドゥルナ・ミットラ・グルルナイヴァ・シッシャハ・チダーナンダルーパハ・シヴォーハム・シヴォーハム

（註）न ない、मृत्युः शङ्का 死への恐れ、जाति भेद 生まれ育ち、पिता 父、
　　माता 母、जन्म 生誕、बन्धुः 兄弟、मित्रं 友だち、गुरुः グル、न एव
　　また〜もない、शिष्य 弟子、चिदानन्दरूपः 至高の幸せ、至福、शिवः シヴァ、
　　अहम् 私、

6．私は、不変で姿・形なく、あらゆるところに展開し存在する。

71

3．アースティカとナースティカ、「般若心経」とヨーガ

常に同じ状態で存在し、ものごとに縛られたり自由になったり
はしない。永遠の幸せ（サット・チット・アーナンダ）、シヴァ
が、私だ。

अहं निर्विकल्पो निराकाररूपो विभुत्वाच्च सर्वत्र सर्वेन्द्रियाणि ।
सदा मे समत्वं न मुक्तिर्न , बन्धः चिदानन्दरूपः शिवोऽहं शिवोऽहम्
｜६｜

アハム・ニルヴィカルポー・ニラーカーラルーポー・ヴィブトヴァーッチャ・サルヴァットラ・
サルヴェーンドリヤーニ

サダー・メ・サマットヴァム・ナ・ムクティルナ・バンドゥフ・チダーナンダルーパハ・
シヴォーハム・シヴォーハム

（註）निर्विकल्प 変化しない、निराकाररूप 姿・形のない、विभुत्वात् 展開し偏在す
る、च そして、सर्वत्र あらゆるところに、सर्वेन्द्रियाणि 知覚器官と行動器官、
सदा 常に、मे 私にとっては、समत्वं 同じ状態、न 〜ではない、मुक्तिः 自由
な、बन्धः 縛られた、चिदानन्दरूपः 至高の幸せ、至福、शिवः シヴァ、अहम् 私、

　シャンカラは、各詩句で「**永遠の幸せ（サット・チット・アーナ
ンダ）、シヴァが、私だ。**」と繰り返し述べたように、ブラフマンを
ヨーガへの至高神としてシヴァの名でも呼んでいます。
　このように、ヨーガへの道は、サーンキャのようにプルシャと
の合一とする場合とヴェーダーンタのようにブラフマンとの合一
とする２つがあることが分かりますが、M・ビアルドーは、「名前
に好みはあるが、両者に違いはない」（註）と述べています。

　（註）A première vue donc, il n'y pas guére de différence entre ceux qui
　　　　appellent « Brahman » le terme de leur recherche et ceux qui
　　　　préfèrent le nom de « Puruṣa » . (M.Biardeau：Le hindouism)

3. アースティカとナースティカ、「般若心経」とヨーガ

e．ラマナ・マハルシの場合

　ラマナ・マハルシは、インドの６つのダルシャナとは、全く無
関係の人物です。いきなり、真理を目の当たりにしたのですが、
内容は、ヴェーダ、ウパニシャッドとまったく同じ内容でした。
つまり、真理は１つ、内容は、同じことを言っています。彼は、
「コーハム　कोऽहम्？（私は誰か？）」という著書の中で、私とは
誰か？という問いに対して次のように答えています。

Q１：私とは誰ですか？
A１：７つの構成要素（血液、神経、骨、皮膚、骨髄、筋肉、
精液）から生ずるこの身体は、私ではありません。耳、皮膚、目、
舌、鼻と呼ばれる５つの知覚器官と、その知覚対象である５つの
名称、音、触覚、形あるもの、味、臭いも私ではありません。話
すこと（スピーチ）、移動・運動すること、捉まえること、排泄作
用、生殖作用と呼ばれる５つの行動器官、即ち、言語発生器官、
手足等の運動器官、排泄器官、生殖器官も私ではありません。呼
吸などの機能、プラーナほか合計５つのヴァーユ（ウダーナ、サ
マーナ、アパーナ、ヴィヤーナ）も私ではありません。すべての
対象には、何かを起こす原因はなく、また、すべての対象は、単
に無意識の記憶に残っているだけで、記憶から来る知識も無知も、
それは私ではありません。

प्रश्नः १ ॥ कोऽहम् ?
उत्तरम् १ ॥. सप्तधातुभिर्निष्पन्नोऽयं स्थूलदेहो　नाहम् । शब्दस्पर्श रूप रस
गन्धाख्यान्पञ्चविषयान्पृथक्पृथग्विजानन्ति श्रोत्र त्वङ्ग्नेत्र जिह्वा घ्राणाख्यानि

73

3．アースティカとナースティカ、「般若心経」とヨーガ

ज्ञनेन्द्रियाणि पञ्चापि नाहम् । वचन गमनादानविसर्गानन्दाख्य पञ्चकृत्यकराणि वाक्पादपाणि पायूपस्थरूपाणि पञ्च कर्मेन्द्रियाणि च नाहम् । श्वासादि पञ्चकार्यकराणि प्राणादयः पञ्च वायवोऽपि नाहम् । सङ्कल्पात्मकं मनोऽपि नाहम् । सर्वविषय सर्वकार्य शून्यम्, सर्व विषयवासनामात्र वासितमज्ञानमपि नाहम् ।

（註）

प्रश्नः 問い、उत्तरम् （マハルシの）答え、सप्तधातुभिः 7つの構成要素によって、निष्पन्नः 生ずる、 अयम् स्थूल - देहः この物質的な身体は、न अहम् 私ではない、शब्द - स्पर्श - रूप - रस - गन्ध 耳、皮膚、目、舌、鼻、आख्यान् 〜という名の、पञ्च - विषयात् 5つの知覚対象、पृथक् पृथक् विजानन्ति 識別する、श्रोत्र - त्वच् - नेत्र - जिह्वा - घ्राण 音、触覚、形あるもの、味、臭い、ज्ञनेन्द्रियाणि 知覚器官、वचन - गमन - आदान - विसर्ग - आनन्द 話すこと（スピーチ）、移動・運動すること、捉まえること、排泄作用、生殖作用、पञ्चकृत्यकराणि 5つの活動作用、वाक् - पाद - पाणि - पायु - उपस्थ 言語発生器官、手足等の運動器官、排泄器官、生殖器官、पञ्च - विषयात् 5つの知覚対象、पञ्च कर्मेन्द्रियाणि 5つの活動器官、श्वास 呼吸、प्राण आदयः プラーナをはじめとして、पञ्च वायवः अपि 5つのヴァーユ（プラーナ、ウダーナ、サマーナ、アパーナ、ヴィヤーナ）も、सङ्कल्प आत्मकम् मनः अपि 想念からなる心も、सर्वविषय すべての対象、सर्वकार्य すべての何かを起こす原因、शून्यम् 〜がない、वासनामात्र 単に無意識の記憶に残っている、वासितम् अज्ञानम् अपि 知っていても、知っていなくても、

　ヴェーダーンタ・ダルシャナやシャンカラのダルシャナと同じであることは、すぐ気づかれるでしょう。**7つの構成要素**（血液、神経、骨、皮膚、骨髄、筋肉、精液）耳、皮膚、目、舌、鼻などの**5つの知覚器官とその知覚対象**である5つの名称、音、触覚、形あるもの、味、臭い話すこと（スピーチ）、移動・運動すること、捉まえること、排泄作用、生殖作用、**5つの行動器官**、即ち、言

3. アースティカとナースティカ、「般若心経」とヨーガ

語発生器官、手足等の運動器官、排泄器官、生殖器官、呼吸など
の機能、**プラーナほか合計５つのヴァーユ**（ウダーナ、サマーナ、
アパーナ、ヴィヤーナ）などは、すべて**マーヤー**です。

　そして、次に、ラマナ・マハルシは、最も重要な**心**、つまり**私**
がどのようにして現れるかに言及します。これこそ**サーンキャ**で
も、後述の**般若心経**でも共通に指摘されたことで、すべてはこの
私の出現が問題です。

この身体の中から、「私」として顕れるものこそ、まさに、「心」
です。私という想念が、この身体のどこから顕れるのかを調べると、
ハート（心）から顕れることが分かります。まさに、心の生まれる
場所です。「私が、私が」という考えが常に浮かぶのは、結局ここ（心
の生ずる場所）が原点です。心の中に生まれてくるすべての想念の
中で、「私」という想念が最初のものです。心に生じる最初の想念の
後に、はじめて他のあらゆる想念が顕れるのです。第一人称の「私」
が現れた後にだけ、第二人称と第三人称が現れることが分かるでし
ょう。第一人称がなければ、第二人称も第三人称も存在することは
ありません。

देहेऽस्मि 'ऽहमिति ' यदुत्तिष्ठति, तदेव मनः । अहमिति स्मृतिश्च देहेऽस्मिन्क नु विभासत
इति विमार्गिते ' हृदय ' इति प्रत्यवभासेत। तदेव मनसो जन्मस्थानम् । 'अहम् ' 'अहम् '
इत्यावृत्तिमात्रेकृतेऽपि तत्रैव (हृदय एव) न्ततः प्राप्तिस्स्यत्। मनसि जायमानानां सर्वेषामपि
सङ्कल्पानाम् अहमिति सङ्कल्प एव प्रथमस्सङ्कल्पः । प्रथमं मनस्सङ्कल्पे जात एवान्ये
सङ्कल्पास्समुज्झंभन्ते। उत्तम पुरुषो (अहमि) द्ववान्नन्तरं हि प्रथम मध्यमौ विज्ञायेते।
उत्तम पुरुषं विना प्रथम मध्यमौ नैव भवतः ।

　（註）विचार्य विज्ञातुं　調べてつきとめるため、वा　まさに（強意の言葉）、मार्गः　どの

75

3．アースティカとナースティカ、「般若心経」とヨーガ

ようにして生じてくるかその道筋を示すこと、अस्मिन् देहे この身体の中から、अहम् इति 私として、यत् उत्तिष्ठति 顕れてくるところの、स्मृतिः 考えが浮かんでも、क どこから、नु まさに（強意の言葉）、विभासत 顕れるか、विमार्गिते 探すと、प्रत्यवभासेत 顕れる、जन्मस्थानम् 生まれる場所、आवृतिमात्रे कृतेपि 浮かんでも、अन्ततः 結局、प्राप्तिः सयात् 辿り着く、原点、सङ्कल्प 想念、समुज्जृंभन्ते 顕れる、उत्तम पुरुषः 第1人称、अहम् इति भावानन्तरम् हि 顕れた後にだけ、प्रथममध्यमौ 第3人称と第2人称、विज्ञायेते 分かる、विना なければ、

　私＝心とするところが、ラマナ・マハルシの特徴で非常に明快です。すべては、この第1人称の出現から第2人称や第3人称とそれにまつわる事柄が発生して、この世界が成り立っています。そのことを、マハルシは「ウパデーシャサーラ」で次のように述べています。

**　私という想念と世界は、共に起こり、同時に消える。従って、この世界は、私という想念によって顕れる。現実とは、私という想念と世界の所在地なのだ。真理は、一つ。完全で、誕生も消滅もない。**

　धिया सहोदेति धियास्तमेति लोकस्ततो धीप्रविभास्य एषः ।
　धीलोकजन्मक्षयधामपूर्ण सद्वस्तु जन्मक्षयशून्यमेकम् ॥ ९ ॥

　（註）एषः この、लोक 世界、धिया सह 私という想念と共に、उदेति 生じる、अस्तम् एति 滅する、ततः 従って、धी - प्रविभास्यः 私という想念によって顕れる、सद् - वस्तु 現実、धी - लोक - जन्म - क्षय - धाम 私という想念、世界の誕生と消滅の所在場所、पूर्णम् 完全な、एकम् ひとつ、जन्म - क्षय - शून्यम् 誕生、衰退のない

76

3．アースティカとナースティカ、「般若心経」とヨーガ

ｆ．「般若心経」の場合

　以上のように、ヴェーダを基盤とするアースティカの流れを見てきたわけですが、ナースティカのブッディズムでは、どのようなダルシャナをしているのでしょうか？

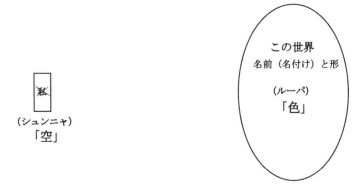

　「イーシャヴァースヤ・ウパニシャッド（ईशावास्य उपनिषद्）」に次の句があります。

あれも全体、これも全体。全体は全体から生まれ、全体から全体を取り除いても、なお全体が残る。

पूर्णमदः पूर्णमिदं पूर्णात् पूर्णमुदच्यते ।
पूर्णस्य पूर्णमादाय पूर्णमेवावशिष्यते ॥

プールナマダハ・プールナミダム・プールナーッ・プールナムダッチャテー
プールナスヤ・プールナマーダーヤ・プールメーヴァーヴァシッシャテー

77

3．アースティカとナースティカ、「般若心経」とヨーガ

（註）पूर्णम् 全体、अदः あれ、पूर्णम् 全体、इदम् これ、पूर्णात् 全体から、पूर्णम्
全体を、उदच्यते 顕れる、पूर्णस्य 全体から、पूर्णम् 全体を、आदाय 取り
除いても、पूर्णम् 全体が、एव 〜だけ、अवशिष्यते 残る、

　全体も**全体を取り除いたもの**も同じ。これは、「般若心経」の**色**も**空**も同じ、ということと全く同じです。「般若心経」の解説で述べましたように「**受→想→行→識**」のプロセスを通って出現する個別意識、つまり、**私**があれば**色**、無ければ**空**です。

　「**空**」は、無常とか虚無ではありません。「**空**」は、ニルヴァーナでもあり、ヨーガの状態とまったく同じです。

　「般若心経」では、この**私意識**の誕生する仕組みの「**受→想→行→識**」のプロセスを見落とすと釈尊の意図を見逃してしまいます。何故なら、真理については他の聖者と言われる人も同じことを述べているからです。太古の昔から、リグヴェーダ（1-164-6）では、そのことを次のように表現しています。

１つの真理を聖者たちは、いろいろな表現で述べている。
एकम् सत् विप्राः बहुधा वदन्ति। (१-१६४-६)

エーカムサット　ヴィプラーハ　バフダー　ヴァダンティ

　「般若心経」でも、そのことが理解できれば、ヴェーダ・ウパニシャッドを源流とする本流のアースティカの流れであれ、支流のナースティカの流れであれ、多少表現が異なっても真理が述べられていることに気づかれるでしょう。

　インドのガンガーの流れのように、本流や支流は、やがて１つの真理である大海へと溶け込むからです。

78

４．ロング・ヴァージョン

　「般若心経」には、経文のみのショート・ヴァージョンと、経文を挟む前半・後半を叙述したロング・ヴァージョンの２つの版があります。ここでは、既に解説した経文を除くロング・ヴァージョンの前半と後半をサンスクリット原文より翻訳・解説します。それを読むと、どのような状況の下で、この講話がなされたかがよく分かります。では、始めましょう。

全知者に礼拝いたします。

ॐ नमः सर्वज्ञाय ॥

オーム　ナマハ　サルヴァギャーヤ

　（註）ॐ ॐ（オーム）、नमः 礼拝する、सर्वज्ञाय 全知者、

　講話が始まる前に、釈尊に敬意を表し礼拝します。

私は、このように聞きました。

एवं मया शुतम् ।

エーヴァム　マヤー　シュルタム

　（註）एवं このように、मया 私によって、शुतम् 聴かれた、

　いわゆる、決まり文句の「如是我聞（にょぜがもん）」で始まります。

4．ロング・ヴァージョン

**ある時、釈尊は、ラージャグリハのグリダラクータ山に、多くの
比丘や修行者の人々を周りにして講話をされておられました。**

एकस्मिन् समये भगवान् राजगृहे विहरति स्म गृध्रकूटे पर्वते महता   भिक्षुसंघेन सार्धं
महता च बोधिसत्त्वसंघेन ।

エーカスミン　サマエ　ヴァガヴァーン　ラージャグリヘ　ヴィハラティ　スマ

グリダラクーテ　パルヴァテー　マハター　ピクシュサンゲーナ　サールダム

マハター　チャ　ボーディサットヴァサンゲーナ

　（註）एकस्मिन् समये　ある時、भगवान्　釈尊は、राजगृहे　ラージャグリハで、विहरति

स्म　講話をされていました、गृध्रकूटे　グリダラクータ、पर्वते　山、महता

भिक्षुसंघेन सार्धं महता च बोधिसत्त्वसंघेन 比丘や修行者の大きな集まり、サッ

トサンガで

その時、釈尊は、まさに、深い瞑想の状態に入っておられました。

तेन खलु समयेन भगवान् गम्भीरावसम्बोधं नाम समाधिं समापन्नः ।

テーナ　カル　サマエーナ　ヴァガヴァーン　ガムビーラーワサムボーダン　ナーマ

サマーディン　サマーパンナハ

　（註）तेन खलु समयेन　まさに、その時、भगवान्　釈尊は、गम्भीरावसम्बोधं नाम

深い瞑想状態に、समाधिं समापन्नः　一つになっておられました、

**しかも、その時、高貴なる全知者、覚醒者である（これは、お釈
迦さまに対する尊称）釈尊は、すでに、日常の生活そのものも、
心＝私という想念を超えた境地にあり、次のように真理をご覧に
なりました。**

तेन च समयेन आर्यावलोकितेश्वरो बोधिसत्त्वो महासत्त्वो गम्भीरायां प्रज्ञापारमितायां चर्यां चरमाणः

エवं व्यवलोकयति स्म।

テーナ　チャ　サマエーナ　アールヤーワローキテーシュワロー　ボーディサットヴ
オー　ガムビーラーヤーン　プラッギャーパーラミターヤーン　チャルヤーン　チャ
ラマーナハ　エーヴァム　ヴィヤヴァローカヤティ　スマ

　　（註）तेन च समयेन　さらに、その時、आर्यावलोकितेश्वरो बोधिसत्त्वो महासत्त्वो　高貴
　　　なるお方で、真理をご覧になった方は（釈尊への尊称）、गम्भीरायां प्रज्ञापारमितायां
　　　深い瞑想状態で心のレベルを超越されて、चर्यां चरमाणः　日常を過ごしておられ
　　　ました、एवं　こんなふうに、以下のように、व्यवलोकयति स्म　観察されていま
　　　した、

ある姿・形をとっているものは、５つの基盤からなる集まりか らなり、その本性は「なにもない」。

पञ्च　स्कन्धाः तांश्च स्वभावशून्यंन् व्यवलोकयति।

パンチャ　スカンダーハ　ターンスチャ　スワバーヴァシュンニャーン　ヴィヤヴァ
ローカヤティ

　　（註）पञ्च　स्कन्धाः　５つの基盤となる柱、तांश्च　しかも、それらには、स्वभावशून्यंन्
　　　固定した本性はない、व्यवलोकयति　ご覧になっていました、

すると、長寿に恵まれた（これは、舎利子に対する敬称）シャーリプ ットラは、釈尊に触発されて、次のように尋ねました。

अथ आयुष्मान् शारिपुत्रो बुद्धानुभावेन आर्यावलोकितेश्वरं बोधिसत्त्वम् एतद् अवोचत्।

アタ　アーユシュマーン　シャーリプットロー　ブッダーヌバーヴェーナ　アールヤ
ーワローキテーシュワラム　ボーディサットヴァム　エータッド　アヴォーチャト

　　（註）अथ　さて、आयुष्मान्　長寿に恵まれた、शारिपुत्रो　シャーリプットラは、

81

4. ロング・ヴァージョン

बुद्ध -अनुभावेन ブッダのインスピレーションに啓発されて、आर्यावलोकितेश्वरं बोधिसत्त्वम् 高貴なるお方で、真理をご覧になった方に、एतद् このように、अवोचत् 申しました、

深い瞑想の状態、心＝私という想念を超えた智慧の状態を身につけたいと願っている高貴なる一族の若者は、どのようにすればよろしいのでしょうか。

यः कश्चित् कुलपुत्रो गम्भीरायां प्रज्ञापारमितायां चर्यां चर्तुकामः , कथं शिक्षितव्यः ?

ヤハ　カシュチト　クラプットロー　ガンビーラーヤーン　プラッギャーパーラミターヤーン　チャルヤーン　チャルトゥカーマハ　カタ厶　シクシタヴィヤハ

(註) यः कश्चित् 誰であれ、कुलपुत्रो 高貴な一族の若者は、गम्भीरायां प्रज्ञापारमितायां 深い瞑想状態にあり想念を超えた智慧の状態、चर्यां 行い、चर्तुकामः （身につけたい）実践の願い、कथं शिक्षितव्यः ? どのようにすればいいのでしょうか？

高貴なる全知者であり、偉大な覚知者の（ここまでは、尊称）釈尊は、長寿に恵まれたシャーリプットラに、このようにお答えになりました。

एवम् उक्त आर्यावलोकितेश्वरो बोधिसत्त्वो महासत्त्व आयुष्मन्तं शारिपुत्र एतद् अवोचत्।

エーヴァ厶　ウクタ　アールヤーワローキテーシュワロ　ボーディサットヴオーマハーサットバ　アーユシュマンタ厶　シャーリプットラ　エータッド　アヴォーチャト

(註) एवम् このように、उक्त 申しますと、आर्यावलोकितेश्वरो बोधिसत्त्वो महासत्त्व 高貴なるお方で、真理をご覧になった方は、आयुष्मन्तं शारिपुत्र 長寿に恵まれ

82

たシャーリプットラに、एतद् このように、अवोचत् 答えられました、

長寿に恵まれたシャーリプットラよ、深い瞑想の状態、心＝私という想念を超えた智慧の状態を身につけたいと願っている高貴なる一族の若者や娘は、このように、よく観察すべきである。

यः कश्चित् 誰であれ、शारिपुत्र कुलपुत्रो वा कुलदुहिता वा गम्भीरायां प्रज्ञापारमितायां
चर्या चर्तुकामः, तेन एवं व्यवलोकयितव्यम् ।

　ヤハ　カシュチト　シャーリプットラ　クラプットロー　ヴァー　クラドゥヒター

　ヴァー　ガムビーラーヤーン　プラッギャーパーラミターヤーン　チャルヤーム

　チャルトゥカーマハ　テーナ　エーヴァム　ビャヴァローカイタヴィヤム

　　(註) यः कश्चित् 誰であれ、शारिपुत्र　シャーリプットラよ、कुलपुत्रो वा कुलदुहिता

　　　　 वा　高貴な一族の若者や娘は、गम्भीरायां प्रज्ञापारमितायां 深い瞑想状態にあり

　　　　 想念を超えた智慧の状態、चर्या चर्तुकामः 深い瞑想状態にあり想念を超えた

　　　　 智慧の状態を身につけたいと願っている者は、तेन　彼によって、एवं

　　　　 こんなふうに、व्यवलोकयितव्यम् 観察すべきである、

５つの基盤となる柱があるが、そのものの本性はない。（と洞察している）

पञ्च स्कन्धांस्तांश्च स्वभावशून्यान् समनुपश्यति स्म ।

　パンチャ　スカンダーンスターンシュチャ　スワバーヴァシューンニーヤーン

　スマヌパッシャティ　スマ.

　　(註) पञ्च स्कन्धान् ５つの基盤となる柱、तां それらに、च そして、स्वभाव 本

　　　　 性、शून्यान् ない、समनुपश्यति स्म 洞察している、

4．ロング・ヴァージョン

ここまでが、講話の行われた場所での状況を述べた前半に当たり、理解すべき内容が、**本経文**として語られます。それが、玄奘三蔵による漢訳です。以下、後半になります。

本経文でマントラの

गते गते पारगते पारसंगते बोधिः स्वाहा ।
ガテー　ガテー　パーラガテー　パーラサンガテー
ボーディー　スワハー

が唱えられた後、次の文が続きます。

シャーリプットラよ。このようによく理解して、心＝私という想念を超えた智慧の状態を身につけるべきだ。

एवं शारिपुत्र गम्भीरायां प्रज्ञापारमितायां चर्यायां शिक्षितव्यं बोधिसत्त्वेन ।
エーヴァム　シャーリプットラ　ガムビーラーヤーン　プラギャーパーラミターヤーン　チャルヤーヤーン　シクシタヴィヤム　ボーディサットヴェーナ

（註）एवं　このように、शारिपुत्र　シャーリプットラよ、गम्भीरायां प्रज्ञापारमितायां　深い瞑想状態にあり想念を超えた智慧の状態、चर्यायां शिक्षितव्यं　日常身につけるべきだ、बोधिसत्त्वेन　ボーディサットヴァによって、

その時、釈尊は、深い瞑想の状態から普段の状態に戻られて、一座の人々を讃えられた。

अथ खलु भगवान् तस्मात् समाधेः व्युत्थाय आर्य अवलोकितेश्वरस्य बोधिसत्त्वस्य साधुकारम्

अदात् ।

アタ　カル　ヴァガヴァーン　タスマート　サマーデーヘ　ヴィユッターヤ　アールヤ
アワローキテーシュワラスヤ　ボーディサットヴァスヤ　サードゥカーラᴧ　アダート

　　(註) अथ खलु　そして、まさに、भगवान् 釈尊は、तस्मात् समाधेः　その瞑想状態
　　　　から普段の状態に、व्युत्थाय　戻られて、आर्य अवलोकितेश्वरस्य बोधिसत्त्वस्य
　　　　高貴なるお方で、真理をご覧になった方の、साधुकारम् 賞賛、अदात् 与え
　　　　られた、

善きかな、善きかな。高貴なる一族の若者よ。心＝私という想念
を超えた智慧の状態を身につけるには、まさに、そのように観察
すべきなのだ。タターガター、アラハトによって示されたことは、
実証された。

साधु साधु कुलपुत्र, एवम् एतत् कुलपुत्र, एवम् एतद् गम्भीरायां प्रज्ञापारमितायां चर्या चर्तव्यं
यथा त्वया निर्दिष्टम् अनुमोद्यते तथागतैः अर्हद्भिः ।।

サードゥ　サードゥ　クラプットラ　エーヴァᴧ　エータット　クラプットラ
エーヴァᴧ　エータッド　ガムビーラーヤーン　プラッギャーパーラミターヤーン
チャルヤーン　チャルタヴィヤᴧ　ヤター　トヴァヤー　ニルディシュタᴧ　アヌモ
ードゥヤテー　タターガタイヒ　アルファドビヒ

　　(註) साधु साधु　善きかな、善きかな、कुलपुत्र 高貴なる一族の若者よ、एवम् एतत्
　　　　このように、कुलपुत्र एवम् एतद् गम्भीरायां प्रज्ञापारमितायां 深い瞑想状態にあり
　　　　想念を超えた智慧の状態、चर्या चर्तव्यं यथा त्वया　このように実践して、निर्दिष्टम्
　　　　示された、अनुमोद्यते 実証された、तथागतैः　タターガターによって、अर्हद्भिः
　　　　アラハトによって、

4．ロング・ヴァージョン

このように、喜びに満ちた声で、釈尊はおっしゃいました。

इदम् अवोचत् भगवान् अत्तमनाः।

イダム　アヴォーチャト　バガヴァーン　アッタマナーハ

（註）इदम्　このように、अवोचत्　おっしゃった、भगवान्　釈尊は、अत्तमनाः
　　喜びに満ちて、

長寿に恵まれたシャーリプットラ、全知者や覚醒者、ここに集まった一座の人々、この世の人々、デーモン、ガンダルヴァ、すべてがともに釈尊のことばに歓喜したのであった。

आयुष्मान् शारिपुत्र आर्यावलोकितेश्वरश्च बोधिसत्त्वः सा च पर्षत् सदेव मानुष असुर गन्धर्वः
च लोको भगवतो भाषितम् अभ्यनन्दन्।।

アーユシュマーン　シャーリプットラ　アールヤーワローキテーシュワラシュチャ
ボーディサットヴァハ　サー　チャ　サルヴァーヴァティー　パルシャット　サデー
ヴァ　マーヌシャ　アスラ　ガンダルヴァハ　チャローコー　バガヴァートー　バーシ
タム　アビャナンダン

（註）आयुष्मान् शारिपुत्र　長寿に恵まれたシャーリプットラ、आर्यावलोकितेश्वरश्च
　　बोधिसत्त्वः　全知者や覚醒者、सा च पर्षत्　ここに集まった聴衆、सदेव मानुष
　　असुर गन्धर्व च लोक　この世の人々、デーモン、ガンダルヴァ、भगवतः　釈
　　尊の、भाषितम्　お話に、अभ्यनन्दन्　歓喜した、

これで、「フリダヤスートラム」を終わる。

इति प्रज्ञापारमिताहृदयसूत्रं समाप्तम्।

イティ　プラッジギャーパーラミター　フリダヤスートラム　サマープタム

4．ロング・ヴァージョン

（註）इति　以上で、これで、प्रज्ञापारमिताहृदयसूत्रं　般若心経を、समाप्तम्　終わる、

【解説】

　以上のように、このロング・ヴァージョンを読むと、どのよう
な状況の下で、この講話がなされたかがよく分かります。釈尊が、

　**ある姿・形をとっているものは、5つの基盤からなる集まりか
　らなり、その本性は「なにもない」。**

と教示された核心がワン・フレーズで述べられました。

पञ्च　स्कन्धाः तांश्च　स्वभावशून्यंन् व्यवलोकयति।

パンチャ　スカンダーハ　ターンスチャ　スワバーヴァシュンニャーン
ヴィヤヴァローカヤティ

　パンチャ（पञ्च）は「5つ」、スカンダーハ（स्कन्धाः）は「基盤、
柱」、ターン（तां）は「それら」、スワバーヴァ（स्वभाव）は「本
性、実体」、シューンニャン（शून्यंन्）は「なにもない」、ヴィアヴ
ァローカヤティ（व्यवलोकयति）は「そのように見てとれる」とい
う意味です。その理由は、本経文で詳述された通りです。
　いわゆる、「空」として有名ですが、ある姿・形をとって現れる
のは、すべて「私」が出現してからのことで、すべては「心」＝
「私」が作り出したもの、この世界というもの、それは、名前と
形を持ったものとして作り出されたものに過ぎないのです。
　サンスクリット語やヒンディー語には、欧米諸語に見られる、

87

have（〜を持つ）という語がありません。もちろん、主語との関係を表す属格はありますが、この「持つ」に相当する語は、例えば、ヒンディー語では、के पास（ケ　パース）と言って、誰々が「持つ」ではなく、ただ「その傍ら、その側」にいる、存在するという意味です。have という語が出現すると、必ず背後に「私の」、「あなたの」、「彼・彼女の」等が隠れていて、その人の所有物のように考えますが、家、車、財産、夫、妻など、いずれも、その人の所有物ではありません。ただ、その人の傍らに、「存在」しているだけです。もちろん、その人たちや物が、あなたを支えサポートしているわけですが、決してあなたの所有物ではありません。それが証拠に、夜、夢を見ないで熟眠すれば、すべて、すっかり名前も形も姿も消えてしまいます。再び、名前と形と姿をとって現れるのは、目が覚めて 1 人称の「私」が現れた後です。因みに、1 人称の「私」は、ラテン語でエゴ ego と言います。

　カーリダーサの戯曲「シャクンタラー」第 4 幕のフィナーレに育て親カンヴァ（कण्व）の有名な句があります。

　娘は他の人の持ちもの、今日、彼女を夫のもとへ送り届け、（天からの）預かりものを返したように、私の心は安らいでいる。

　あなたが所有していると思っているものは、**すべて**天からの預かりものです。いずれ時期が来ると返却せねばなりません。子供とて同じです。この詩句は、それを見事に表現している素晴らしいものです。

　釈尊が、एवम्（エーヴァム）「このように」とおっしゃったのは、以上の通りです。

5．釈尊の実践法 「アーナーパーナ・サティ」

　「般若心経」に書かれていたことへの**気づき**には、何を、どのように実践すればいいのでしょうか？ 実は、この一番重要な**実践法**をお釈迦さまは述べておられます。「八正道」の「正念」に当たります。 通常、**マインドフルネス mindfullness**」と英訳されている実践法です。それは２つから成り、一つは、「アーナーパーナ・サティ (आनापानसति) **Mindfullness of Breathing**」、もう一つは、ヴィパッサナ (विपस्सन) です。こちらは「歩く瞑想法」として知られています。（後述）

　アーナーパーナ・サティ (आनापानसति) とは、パーリー語で、アーナ(आन)は「入息 inhale」、アパーナ(अपान)は「出息 exhale」、サティ (सति) は「意識を留めておく attention」 という実践方法の意味です。この実践法は、「般若心経」と同じようにサットサンガに集まった聴衆を前にして語られています。

　原文はパーリー協会の THE MAJJIMA　NIKĀYA 118 の ĀNAPĀNASATISUTTAM　AṬṬHAMAM を用いました。原文のパーリー語は、ローマナイズですので、これをデーヴァナーガリ文字にしています。全文は、約１１頁にわたりますので、**４つの実践法**は詳しく、**完全な形へと進める４つの要点**は概略を、原文と共に註と解説を付け、紹介します。（原文の読みは省略）

　お釈迦さまは、同じ一人の人間を、**実践している私**として一人称 (I) で、その呼吸を**観察している者**として三人称 (He) で表現されています。 例えば、**実践者**の入息を、アッササーミ(अस्ससामि)、出息をパッササーミ (पस्ससामि)と一人称で表現し、これを**観察している者**が気づいている様子は、パジャーナーティ

（पजानाति）と三人称（He）で表現されています。この時、私は完全に消えてしまいます。

比丘（ビックー भिक्खु）とは、「生涯を釈尊の教えに帰依する人」のことですが、お釈迦さまが呼びかけられる場合、聴衆すべてを含んでいるものと考えられます。

開始にあたって、実践の場所は、森に入り、木々の下、または、空室で蓮華座に座り身体をまっすぐにして鼻腔のあたりに意識を集中して呼吸に注意するよう求めています。

a. 実践法（その1）　身体と呼吸

　　息が長く入っている時、彼は「私は、息が長く入っている」ことに気がついている。

　　息が長く出ている時、彼は「私は、息が長く出ている」ことに気がついている。

　　息が短く入っている時、彼は「私は、息が短く入っている」ことに気がついている。

　　息が短く出ている時、彼は「私は、息が短く出ている」ことに気がついている。

　　息が入っている時、それを身体全体で感じながら、彼は「私は、息が入っている」ことに気がついている。

　　息を出ている時、それを身体全体で感じながら、彼は「私は、息が出てている」ことに気がついている。

　　身体が揺れ動かず静まった状態で入息している時、彼は「私は、息が入っている」ことに気がついている。

　　また、身体が揺れ動かず静まった状態で出息している時、彼

5．釈尊の実践法「アーナーパーナ・サティ」

は「私は、息が出ている」ことに気がついている。

दीघं वा अस्ससन्तो : दीघं अस्ससामीति पजानाति ;
दीघं वा पस्ससन्तो : दीघं पस्ससामीति पजानाति ;
रस्सं वा अस्ससन्तो : रस्सं अस्ससामीति पजानाति ;
रस्सं वा पस्ससन्तो : रस्सं पस्ससामीति पजानाति ;
सब्बकायपटिसम्वेदी   अस्ससिस्सामीति सिक्खति ;
सब्बकायपटिसम्वेदी   पस्ससिस्सामीति सिक्खति ;
पस्सम्भयम् कायसङ्घारम् अस्ससिस्सामीति सिक्खति ;
पस्सम्भयम् कायसङ्घारम् पस्ससिस्सामीति सिक्खति ;

(註) दीघं　長く、वा　或いは、その時、अस्ससन्तो（彼は）入息す
る、दीघं　長く、अस्ससामि　（私は）入息する、इति　このよ
うに、पजानाति（彼は）分かっている、दीघं　長く、पस्ससन्तो
（彼は）出息する、दीघं　長く、पस्ससामि　（私は）出息する、
पजानाति（彼は）分かっている、रस्सं　短く、अस्ससन्तो（彼
は）入息する、रस्सं　短く、अस्ससामि　（私は）入息する、इति
このように、पजानाति（彼は）分かっている、रस्सं　短く、
पस्ससन्तो　（彼は）出息する、रस्सं　短く、पस्ससामि
私は）出息する、पजानाति 分かっている、सब्ब काय　身体全
体で、पटिसम्वेदी　感じている、अस्ससिस्सामि　（私は）入息 し
ている、इति　〜と、सिक्खति　（彼は）分かっている、सब्ब काय
身体全体で、पटिसम्वेदी　感じている、पस्ससिस्सामि　（私は）
出息する、इति　〜と、सिक्खति　（彼は）分かっている、
पस्सम्भयम् काय सङ्घारम्　身体が揺れ動かず静まった状態で、
अस्ससिस्सामि　（私は）入息 している、इति　〜と、सिक्खति

5．釈尊の実践法「アーナーパーナ・サティ」

　　　　　　　（彼は）分かっている、पस्सम्भयम् कायसङ्खारम् 身体が揺れ動
　　　　　　　かず静まった状態で、पस्ससिस्सामि （私は）出息する、
　　　　　　　इति 〜と、सिक्खति （彼は）分かっている、

　釈尊がお話をされる時、繰り返しが多いのは、それだけ重要だからだと、「般若心経」の説明⑨から⑩-2でも述べました。
　従って、この最初の実践部分は注意深く、丹念に、その意味するところを読み取らなければなりません。
　次の３つに分けて、それぞれのポイントを掴む必要があります。
呼吸は、次のように理解します。このイラストは、２０００年前後から「ハタヨーガ」の指導をしている際に作成したものです。

　　（１）呼吸の仕組みとしての、呼気と吸気

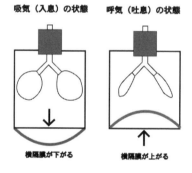

　「ヘーリングの模式図」は、二股に分かれたガラス管に風船２個、つまり、われわれの左右の肺に見立てたもので、一方が外気とつながった状態の栓をしたガラス容器で呼吸の仕組みを説明しています。イキを入れると横隔膜は下がり、イキを吐くと横隔膜

92

5．釈尊の実践法「アーナーパーナ・サティ」

は上がります。この模式図と、次のイラストとを比較して見て下さい。横隔膜の上下に注意します。これを身体で感じられるようになると、呼吸そのものを身体の中で意識出来るようになります。

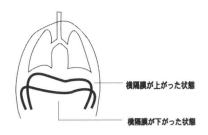

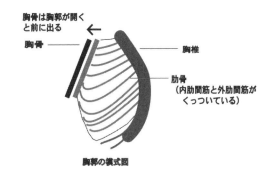

（２）呼吸と身体の関係

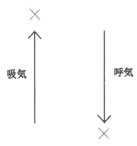

　　左のイラストをご覧下さい。１回の呼吸、つまり、吸気と呼気において吸気から呼気へ、呼気から吸気へと移る場合に、イキは必ず１度止まります。(図の×印)この呼吸の止まるわずかなギャップは、空白で思考も同じように止まります。ここに、お釈迦さまは、サティ（留意する）

93

ようにとおっしゃっているわけで、上記の原文には隠れています。イキが長く入っても、息が長く出ても、あるいは、息が短く入っても、息が短く出ても、ここを見落とすと、まったく意味がなくなります。

（3）身体の動きが静まった段階での呼吸

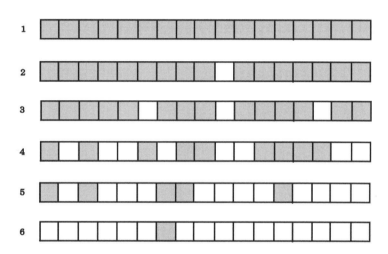

映像のあるところは、この世界。
息の止まったところは、インターバル、間隙、ギャップ。
フィルムに譬えると、空白の部分には、映像がない。

　身体は、通常動き回り、走り回っていますが、とりあえず身体の動きが一応静まった状態を考えて、上図のイラストをご覧下さい。現在、映像はデジタル化されていますから、昔のようにフィルムではありませんが、8ミリフィルムで撮った映画は、1秒間に24コマとか、16コマで走らせると映像は動いて見えるのです。同じように、われわれの心の動き（想念）を、世の中でのさまざまな映像として見ているのと同じです。この映画のフィルム

5．釈尊の実践法「アーナーパーナ・サティ」

のグレイの部分は、心の動き、つまり、1コマ1コマの映像です。従って、空白の部分はありません。ところが、空白になっているところが、呼吸の吸気・呼気での息の止まる間隙にあたります。ここに映像はなく、これが意識できるようになると、1→2→3→4→5→6というふうに、ギャップは増えてきます。その分、心は動かなくなり、静まるわけです。これが、「般若心経」の㉕で説明しました**ニルヴァーナ（静まった）**の意味です。つまり、**じっと観察する状態（contemplation）**から、「**内へ向かう**」のが**瞑想（meditation）**の意味であって、たとえ蓮華座で座ったところで、それは瞑想ではありません。「般若心経」③でのガンビーラーヤーン（深い瞑想状態で）、チャリヤンチャラマーノー（日常の生活がそうであった）は、この6のような状態がお釈迦さまと思っていただければよく、逆に私たちは、1のような状態です。

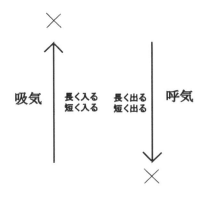

この「身体と呼吸（吸気・呼気）」での観察は、イキの長・短には関係なく吸気から呼気へ、呼気から吸気へと移行する際の間隙（左図の×印）に留意することにあります。この空白のコマこそ、すべてのイメージ、すべての想念、すべての言葉がなくなっているいる状態、すなわち**瞑想**です。この間隙、隙間（チドゥラ（ছিদ্র interval, gap）こそ、「**空**」と同じで、Rajneesh がそ

5．釈尊の実践法「アーナーパーナ・サティ」

の著 The Revolution Talks on Kabil で紹介したカビールの詩の
意味するものです。

> Kabil says, " Student, tell me what is God ? "
> He is the breath inside the breath.

　呼気と吸気の２回の隙間は、空（から）の映像のコマであり、
心＝私（想念）の無い状態、**ニルヴァーナ**であり、**瞑想**であり、
空（くう）そのものです。
　次に、このアーナーパーナ・サティを、ヴィパッサナやハタヨ
ーガや座禅に生かす方法について説明しましょう。

A．ヴィパッサナ

　釈尊の実践法として「アーナーパーナ・サティ」と共に知られ
ている「歩く瞑想法」です。「アーナーパーナ・サティ」が前提に
なっていることは明らかで、上述の（２）**呼吸と身体の関係**をよ
く理解して行うと素早く心の波は静まります。
　２０１５年にNHKの教育TVで、ティク・ナット・ハンのマ
インドフルネスという番組が放映になったことがあります。この
中で、彼は、次のように述べていました。

> **Peace is Every Step.** 　（一歩、歩むごと心安らぎ。）
> **Peace is Every Breath.**（一息ごとに、安らぐ。）

　これこそ、ヴィパッサナの実践法です。

96

B．ハタヨーガ

　私自身は、健康上の理由からハタヨーガを始め、長年実践し、この「アーナーパーナ・サティ」を知ってからは、今までの方法をやめて、この呼吸の間隙に留意することをハタヨーガに取り入れました。自分で実践し、２０００年前後からは「ハタヨーガ」の指導をする際、「アーナーパーナ・サティ」に基づいたものを、みなさんにも実践してもらいました。

　アーサナは、基本的なものにしぼり、**（２）呼吸と身体の関係**をよく理解して行うと、まるで違ったものとなります。
アーサナによって、**（３）身体の動きが静まった段階での呼吸によって、その気づきが生まれる**のです。

C．座禅

　禅では、アマチュアやプロに限らず実践方法として座禅が行われていますが、厳しい禅寺での修行を見るにつけ、ただ、何時間座わっても心は静まるのだろうか？　と常々思ってきました。ひょっとすると、膨大な時間を無駄に費やしているのではないだろうか？　素人の私には分かりませんが、このお釈迦さまの「アーナーパーナ・サティ」をよく理解して実践されるといいのではないでしょうか。座禅の際、（２）呼吸と身体の関係と（３）身体の動きが静まった段階での呼吸への理解が得られれば、短時間の座禅で済むような気がします。

（その２）感情（フィーリング）と呼吸

　　歓喜の気持で息が入っている時は、「私は、歓喜の気持で息が入っている」と感じている。

　　歓喜の気持で息が出ている時は、「私は、歓喜の気持で息が出ている」と感じている。

　　至福の気持で息が入っている時、彼は「私は、至福の気持で息が入っている」ことに気がついている。

　　至福の気持で息が出ている時、彼は「私は、至福の気持で息が出ている」ことに気がついている。

　　チッタの流れを感じながら、息が入っている時、「私は、そう感じながら息が入っている」ことに気がついている。

　　チッタの流れを感じながら、息が出ている時、「私は、そう感じながら息が出ている」ことに気がついている。

　　チッタの流れが静まった状態で息が入っている時、彼は「私は、チッタの流れが静まった状態で、息が入っている」ことに気がついている。

　　チッタの流れが静まった状態で息が出ている時、彼は「私は、チッタの流れが静まった状態で、息が出ている」ことに気がついている。

　　　　पीतिपटिसम्वेदी अस्ससिस्सामीति सिक्खति；
　　　　पीतिपटिसम्वेदी पस्ससिस्सामीति सिक्खति；
　　　　सुखपटिसम्वेदी अस्ससिस्सामीति सिक्खति；
　　　　सुखपटिसम्वेदी पस्ससिस्सामीति सिक्खति；
　　　　चित्तसङ्खारपटिसम्वेदी अस्ससिस्सामीति सिक्खति；

चित्तसङ्खारपटिसम्वेदी पस्ससिस्सामीति सिक्खति ;
पस्सम्भयम् चित्तसङ्खारम् अस्ससिस्सामीति सिक्खति ;
पस्सम्भयम् चित्तसङ्खारम् पस्ससिस्सामीति सिक्खति ;

(註) पीति 歓喜の、पटिसम्वेदी 気持を感じて、अस्ससिस्सामि （私は）息を入れている、इति ～と、सिक्खति （彼は）分かっている、पीति 歓喜の、पटिसम्वेदी 気持を感じて、पस्ससिस्सामि （私は）息を出している、इति ～と、सिक्खति （彼は）分かっている、सुख पटिसम्वेदी 至福の気持で、अस्ससिस्सामि （私は）息を入れている、इति ～と、सिक्खति （彼は）分かっている、सुख पटिसम्वेदी 至福の気持で、पस्ससिस्सामि （私は）息を吐いている、इति ～と、सिक्खति （彼は）分かっている、चित्त सङ्खार पटिसम्वेदी チッタの流れを感じながら、अस्ससिस्सामि （私は）息を入れている、इति ～と、सिक्खति（彼は）分かっている、चित्त सङ्खार पटिसम्वेदी チッタの流れを感じながら、पस्ससिस्सामि （私は）息を出している、इति ～と、सिक्खति （彼は）分かっている、पस्सम्भयम् चित्त सङ्खारम् チッタの流れが静まった状態で、अस्ससिस्सामि （私は）息が入っている、इति ～と、सिक्खति （彼は）分かっている、पस्सम्भयम् चित्त सङ्खारम् チッタの流れが静まった状態で、पस्ससिस्सामि （私は）息を吐いている、इति ～と、सिक्खति （彼は）分かっている、

　サティ（留意するところ）も、空白のコマが増えるにしたがって瞑想は深まりますから、次の段階に移ります。想念がなくなってくると、フィーリングの流れも自然に見えてきます。漂う小舟

のように呼吸の流れにまかせてそれぞれ上記のように観察します。

（その３）〜心と呼吸

心を感じながら息が入っている時は、「私は、心を感じながら
息が入っている」と感じている。

心を感じながら息が出ている時は、「私は、心を感じながら息
が出ている」と感じている。

心が喜んで息が入っている時は、「私は、心が喜んで息が入っ
ている」と感じている。

心が喜んで息が出ている時は、「私は、心が喜んで息が出てい
る」と感じている。

心を見つめながら息が入っている時は、「私は、心を心を見つ
めながら息が入っている」と感じている。

心を見つめながら息が出ている時は、「私は、心を心を見つめ
ながら息が出ている」と感じている。

चित्तपटिसम्वेदी अस्ससिस्सामीति सिक्खति ;
चित्तपटिसम्वेदी पस्ससिस्सामीति सिक्खति ;
अभिप्पमोदयम् चित्तम् अस्ससिस्सामीति सिक्खति ;
अभिप्पमोदयम् चित्तम् पस्ससिस्सामीति सिक्खति ;
समादहम् चित्तम् अस्ससिस्सामीति सिक्खति ;
समादहम् चित्तम् पस्ससिस्सामीति सिक्खति ;
विमोचयम् चित्तम् अस्ससिस्सामीति सिक्खति ;
विमोचयम् चित्तम् पस्ससिस्सामीति सिक्खति ;

5．釈尊の実践法「アーナーパーナ・サティ」

(註) चित्त　チッタ、पटिसम्वेदी　感じて、अस्ससिस्सामि　（私は）
息が入っている、इति　〜と、सिक्खति　（彼は）分かっている、
चित्त　心、पटिसम्वेदी　感じて、पस्ससिस्सामि　（私は）息を出
している、इति　〜と、सिक्खति　（彼は）分かっている、
अभिप्पमोदयम्　喜ぶ、चित्तम्　心、अस्ससिस्सामि　（私は）息が
入っている、इति　〜と、सिक्खति　（彼は）分かっている、
अभिप्पमोदयम्　喜ぶ、चित्तम्　心、पस्ससिस्सामि　（私は）息を
出している、इति　〜と、सिक्खति　（彼は）分かっている、
समादहम्　見つめる、चित्तम्　心、अस्ससिस्सामि　（私は）息が
入っている、इति　〜と、सिक्खति　（彼は）分かっている、
समादहम्　見つめる、चित्तम्　心、पस्ससिस्सामि　（私は）息を
出している、इति　〜と、सिक्खति　（彼は）分かっている、

　チッタは微粒子、心はその動き。それも観察できるようになり
ます。ここでも、呼吸の流れにまかせ、そのまま眺めます。

（その４）現象の観察と呼吸

　はかなく移ろいゆくさまに気づきながら息が入っている時は、
「私は、はかなく移ろいゆくさまに気づきながら息が入ってい
る」と感じている。
　はかなく移ろいゆくさまに気づきながら息が出ている時は、
「私は、はかなく移ろいゆくさまに気づきながら息が出てい
る」と感じている。
　消えゆくさまに気づきながら息が入っている時は、「私は、消
えゆくさまにに気づきながら息が入っている」と感じている。

消えゆくさまに気づきながら息が出ている時は、「私は、消え
ゆくさまにに気づきながら息が出ている」と感じている。

欲望が次第に消えていくのに気づきながら息が入っている時
は、「私は、欲望が次第に消えていくのに気づきながら息が入っ
ている」と感じている。

欲望が次第に消えていくのに気づきながら息が出ている時
は、「私は、欲望が次第に消えていくのに気づきながら息が出て
いる」と感じている。

すべてが捨て去られていくのに気づきながら息が入っている
時は、「私は、すべてが放棄されていくのに気づきながら息が入
っている」と感じている。

すべてが捨て去られていくのに気づきながら息が出ている時
は、「私は、すべてが放棄されていくのに気づきながら息が出て
いる」と感じている。

अनिच्चानुपस्सी अस्ससिस्सामीति सिक्खति ;
अनिच्चानुपस्सी पस्ससिस्सामीति सिक्खति ;
विरागानुपस्सी अस्ससिस्सामीति सिक्खति ;
विरागानुपस्सी पस्ससिस्सामीति सिक्खति ;
निरोधानुपस्सी अस्ससिस्सामीति सिक्खति ;
निरोधानुपस्सी पस्ससिस्सामीति सिक्खति ;

（註）अनिच्चम् はかなく移ろいゆくもの、आनुपस्सी　気づく、
　　　अस्ससिस्सामि　（私は）息が入っている、इति　～と、सिक्खति
　　　（彼は）分かっている、अनिच्चम् はかなく移ろいゆくもの、
　　　आनुपस्सी　気づく、पस्ससिस्सामि　（私は）息を出している、इति

～と、सिक्खति　（彼は）分かっている、विराग　欲望が次第に
消えていく、आनुपस्सी　気づく、अस्ससिस्सामि　（私は）息が
入っている、इति　～と、सिक्खति　（彼は）分かっている、
विराग　欲望が次第に消えていく、आनुपस्सी　気づく、
पस्ससिस्सामि　（私は）息を出している、इति　～と、सिक्खति
（彼は）分かっている、निरोध　すべてが捨て去られていく、
आनुपस्सी　気づく、अस्ससिस्सामि　（私は）息が入っている、इति
～と、सिक्खति　（彼は）分かっている、निरोध　すべてが捨て
去られていく、आनुपस्सी　気づく、पस्ससिस्सामि　（私は）息
を出している、इति　～と、सिक्खति　（彼は）分かっている、

　最後のサティ（留意するところ）は、この世界でのあらゆる現
象の観察へと移行していきます。

b．完全な形へと進める４つの要点

　いかに「アーナーパーナ・サティ」を実践するか、その方法は
a．実践法で述べた通りです。その実践を繰り返し、深め、いか
に完全な形へと進めるかが次に述べられます。聴衆へは、「比丘
よ。」と呼びかけられます。

（その１）身体の中の、もう一つの身体

比丘よ、私は、身体の中の、もう一つの身体、つまり、呼吸のこ
とを話そう。この時、身体は身体として、そのまま極度に集中し
て眺めなさい。すると、この世の強い欲望、悲しみはどこかへ行

103

ってしまいます。

कयेसु कायञ्ञतराहम्, भिक्खवे, एतम् वदामि यदिदम् अस्सासपस्सासम्.
तस्मातिह, भिक्खवे, कये कायानुपस्सी तस्मिम् समये भिखु विहरति आतपी
सम्पजानो सतिमा, विनेय्य लोके अभिज्झादोमनस्सम्.

(註) कयेसु 身体の中の、कायञ्ञतर もう一つの身体、अहम् 私は、भिक्खवे
比丘よ、एतम् このように、वदामि （私は）話そう、यदिदम् つまり、
अस्सास 入息、पस्सासम् 出息、तस्मातिह 即ち、従って、भिक्खवे 比
丘よ、कये 身体の中の、कायानुपस्सी 身体を観察、तस्मिम् समये こ
の時、भिखु 比丘、विहरति そのまま留まる、आतपी 強く、極度に、
सम्पजानो सतिमा 集中して、विनेय्य 除かれる、लोके この世の、
अभिज्झा 欲望、दोमनस्सम् 悲しみ、

　これは、実践法（その１）で述べたことと呼応していますから、
その実践法を、もう一度熟読下さい。息が長く出ていても、息が
長く入っていても、また、息が短く出ていても、息が短く入って
いても、この、**身体の中のもう一つの身体**、つまり、呼吸に導か
れながら本来の身体をよく見つめる、そのことによってさらに瞑
想は深まり、結果として、この世の欲望、悲しみは、どこかへ飛
んでいってしまうのです。

（その２）感情の中の、もう一つの感情

比丘よ、私は、感情の中の、もう一つの感情、つまり、呼吸
のことを話そう。この時、感情は感情として、そのまま極度に集
中して眺めなさい。すると、この世の強い欲望、悲しみはどこか

5．釈尊の実践法「アーナーパーナ・サティ」

へ行ってしまいます。

वेदनासु वेदनाञ्जतराहम्, भिक्खवे, एतम् वदामि यदिदम् अस्सास
पस्सासानम् साधुकम् मनिसकारम्. तस्मातिह, भिक्खवे, वेदनासु
वेदानुपस्सी तस्मिम् समये भिखु विहरति आतापी सम्पजानो सतिमा,
विनेय्य लोके अभिज्झादोमनस्सम्.

(註) वेदनासु 感情の中の、वेदनाञ्जतर もう一つの感情、अहम् 私は、
भिक्खवे 比丘よ、एतम् このように、वदामि （私は）話そう、यदिदम्
つまり、अस्सास 入息、पस्सासम् 出息、तस्मातिह 即ち、従っ
て、भिक्खवे 比丘よ、वेदनासु 感情の中の、वेदानुपस्सी 感情を
観察、तस्मिम् समये この時、भिखु 比丘、विहरति そのまま留ま
る、आतपी 強く、極度に、सम्पजानो सतिमा 集中して、विनेय्य 除
かれる、लोके この世の、अभिज्झा 欲望、दोमनस्सम् 悲しみ、

　次も、実践法（その1）で述べたことと呼応していますから、
その実践法を、もう一度熟読下さい。息が長く出ていても、息が
長く入っていても、また、息が短く出ていても、息が短く入って
いても、この、**感情の中のもう一つの感情**、つまり、呼吸」に導
かれながら本来のフィーリングの流れをよく見つめる、そのこと
によってさらに瞑想は深まり、結果として、この世の欲望、悲し
みは、どこかへ飛んでいってしまうのです。

（その3）心の中の、もう一つの心

比丘よ、私は、アーナーパーナ・サティを実践する時、集中を欠
いて、落ち着きのない場合は、話さない。心の中の、もう一つの

105

心を、そのまま極度に集中して眺めなさい。すると、この世の強い欲望、悲しみはどこかへ行ってしまいます。

नाहम् , भिक्खवे , मुट्ठस्सतिस्स असम्पजानस्स आनापानसतिभावनम् वदामि . तस्मातिह , भिक्खवे , चित्ते चित्तानुपस्सी तस्मिम् समये भिखु विहरति आतापी सम्पजानो सतिमा , विनेय्य लोके अभिज्झादोमनस्सम् .

（註）न ～しない、अहम् 私は、भिक्खवे 比丘よ、मुट्ठस्सतिस्स 集中を
欠いて、असम्पजानस्स 落ち着かない、आनापानसतिभावनम् 呼吸
を見守る、वदामि 話す、तस्मातिह 従って、भिक्खवे 比丘よ、चित्ते
心の中の、चित्तानुपस्सी 心を観察する、तस्मिम् समये この時、भिखु
比丘、विहरति そのまま留まる、आतापी 強く、極度に、सम्पजानो
सतिमा 集中して、विनेय्य 除かれる、लोके この世の、अभिज्झा
欲望、दोमनस्सम् 悲しみ、

　表現が少し変わったことにお気づきでしょう。心と呼吸が密接に関連していることについては、ラマナ・マハルシも「ウパデーシャ・サーラ」で次のように述べています。

　心を観察することによって、心は静まる。ちょうど網にかかった小鳥のように。（US-11）

वायुरोधनाल्लीयते मनः ।
जालपक्षिवद्रोधसाधनम् ।। ११ ।।

ヴァーユローダ゛ナーリーヤテー・マナハ

ジャーラパ゜クシヴァド゛ゥロダ゛サーダ゛ナム

（註）वायु-रोधनात् 呼吸を観察することによって、मनः 心、लीयते 静

106

5．釈尊の実践法「アーナーパーナ・サティ」

まる、जालपक्षिवत् 網で捕らえられた小鳥のように、रोध-साधनम्
静める手段、

心と呼吸には、それぞれ思考力と活性エネルギーとが付与され
ている。これらは、１つの樹より分かれた２つの幹である。

(US－１２)

चित्तवायवश्चित्क्रियायुताः ।

チッタヴァーヤヴ ァシュチツクリヤーユターハ
शाखयोर्द्वयी शक्तिमूलका ।। १२।।

シャーカヨールドゥヴァイー　シャクティムーラカー

(註) चित्त-वायवः　心とプラーナ、चित्-क्रिया-युताः　思考力と活性エネ
ルギーが付与されている、शाखयोः द्वयी　２つの枝、शक्तिमूलका　エ
ネルギーの根源、

呼吸は生命の根源、また、心は想念やイメージ・思考力の根源
として驚くべきエネルギー、パワーを持っています。しかし、実
は、１つの樹（根源）から分かれた２つの幹とは、心の正体と呼
吸の出所が同じであるからこそアーナーパーナ・サティが成り立
つと言えます。
　また、ニャーヤ・ヴァイシェーシカ（न्याय - वैशेषिक）の経典、
「カーリカーヴァーリー（कारिकावली）」、または、「バーシャー・
パリッチェーダ（भाषा - परिच्छेद）」に次の句があります。

喜びなどを感じる器官を、心と言っている。それは、微粒子（原
子）と考えられ、ここでは、いくつもの意識とは同時には繋がら

107

5. 釈尊の実践法「アーナーパーナ・サティ」

ない。

साक्षात्कारे सुखादीनां करणं मन उच्यते ।
अयौगपद्याज्ज्ञानानां तस्याणुत्वमिहेष्यते ॥८५॥

サークシャートカーレー・スカーディーナーン・カラナム・マナ・ウッチャテー

アヤウガパドゥヤーッギャーナーナーム・タスヤーヌヅヴァミヘーシュヤテー

（註）साक्षात्कारे　直接認識する時、सुखादीनां　喜びなどの、करणं　機能、मन　心、उच्यते　～と言っている、अयौगपद्यात्　同時に、ज्ञानानां　知覚の、तस्य　その、अणुत्वम्　微粒子、原子の状態、इह　ここでは、एष्यते　繋がる、アクセスする、

　１９９８年頃から、アニル・ヴィディヤランカール先生は、「ヨーガ・スートラ」の最初の詩句の説明に、「アトミック・マインド」という言葉をよく使われましたが、このことを言っておられたのです。Rajneesh は、「心というものは存在しない。素早く動くので、まるで連なっているように感じて**存在するように思い込む**が、小鳥の飛跡の様に何もなく、そのプロセスは**想念あり**、この**思考が心である**」と言っています。空白のコマが増えないと、心は通常はものすごい勢いで動き回っていますので、複数の器官とアクセスしているように思いますが、詩句にある通り、もともと、同時にいくつかの知覚器官とは**アクセス出来ず、また、してもいない**のです。**同時には、たった一つ**、だからこそ、心の中の、もう一つの心、つまり、呼吸と連動して静まることをよく理解して下さい。

5．釈尊の実践法「アーナーパーナ・サティ」

（その４）現象の中の、もう一つの現象

比丘よ、現象の中に現象をそのまま観察して、この世の欲
望、悲しみがどこかへ行ってしまうことが分かれば、誰でも、
この世の欲望、悲しみから抜けだし、対極の事柄はそのまま
眺めることが出来る。比丘よ、現象の中に現象をそのまま観
察して、そのまま眺めれば、この世の欲望も悲しみもなくな
ります。

धम्मेसु धम्मानुपस्सी , भिक्खवे , तस्मिम् समये भिक्खु विहरति
आतापी सम्पजानो सतिमा , विनेय्य लोके अभिज्झादोमनस्सम् . सो
यम् तम् अभिज्झादोमनस्सानम् पहानम् तम् पञ्ञाय , दिस्वा साधुकम्
अज्झुपेक्खिता होति . तस्मातिह , भिक्खवे , धम्मेसु धम्मानुपस्सी
तस्मिम् समये भिक्खु विहरति आतापी सम्पजानो सतिमा .विनेय्य
लोके अभिज्झादोमनस्सम् ।

(註) धम्मेसु 現象の中に、धम्मानुपस्सी 現象を観察する、भिक्खवे
比丘よ、तस्मिम् समये この時、भिक्खु 比丘、विहरति その
まま留まる、आतापी 強く、極度に、सम्पजानो सतिमा 集中し
て、विनेय्य 除かれる、लोके この世の、अभिज्झा 欲望、
दोमनस्सम् 悲しみ、सो यम् तम् 誰でも、अभिज्झादोमनस्सानम्
欲望と悲しみ、पहानम् 抜け出す、तम् पञ्ञाय 気づき、理
解、दिस्वा 観察、साधुकम् 十分な、अज्झुपेक्खिता 同じに、
होति ～である、तस्मातिह 従って、भिक्खवे 比丘よ、धम्मेसु
現象の中に、धम्मानुपस्सी 現象を観察する、तस्मिम् समये こ
の時、भिक्खु 比丘、विहरति そのまま留まる、आतापी 強く、
極度に、सम्पजानो सतिमा 集中して、विनेय्य 除かれる、लोके

109

5．釈尊の実践法「アーナーパーナ・サティ」

この世の、अभिज्झा　欲望、दोमनस्सम्　悲しみ、

　完全な形へと進める４つの要点は、以上で説明されましたが、**気づき**の達成は、ニルヴァーナ、ヨーガ、サマーディの状態と同じです。サマーディの４つの段階は、言葉で説明することは不可能ですので譬えになります。左のイラストをご覧下さい。サマーパッティ（समापत्तिः）という言葉が使われていますが、これは、「その状態になった」という意味で、サンスクリット語の「サマーディ」＝「サマーパッティ」ではありません。ロータスの花を見ている人がいるとします。**見る人**と**見るもの**（ロータス）の関係は、サマーディの各段階によって図のようになります。５８頁でも説明しましたが、③サヴィチャーラの段階になると花の名前（ロータス）も消え、**見る人**と**見るもの**の関係は、区別が次第になくなり、やがて④ ニルヴィチャーラの段階で溶け合って一つになります。

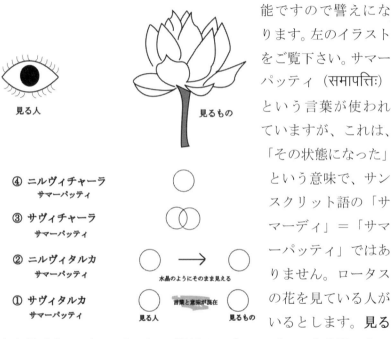

　以上が、釈尊が述べた「アーナーパーナ・サティ（Mindfulness of Breathing）」の概要です。

６．「般若心経」の原語・漢訳・意味・註の一覧表

原　語	漢　訳	意　味	註
आर्य	－	高貴なる	
अवलोकितेश्वर	観自在	俯瞰した主	अव + लोक् + इ+ त अवलोकित + ईश्वर
बोधिसत्त्वः	菩薩	全智者	बोधिसत्त्व（音写）
गम्भीरायां	深	深い瞑想状態	गम्भीर
प्रज्ञा	般若	偉大なる智慧	प्र + ज्ञा（音写）
पारमितायां	波羅蜜多	心のレベルを超越した	पारमिता（音写） पारम् + इ + त
चर्यां	（行）	日常の、日頃の	
चरमाणो	行時	行い、生活	चर् + माण
व्यवलोकयति स्म	照見	俯瞰した	वि + अव + लोक् + अय् + ति（स्म は、 不変化詞）
पञ्च	五	５つの	
स्कन्धाः	蘊	柱、基盤	स्कन्ध
तान्	－	これらは	तद्
च	－	そして	
स्वभाव		本性	
शून्यान्	皆空	なにもない	शून्य
पश्यति स्म	（照見）	常に洞察していた	दृश्（to see） （स्म は、used to）
इह	－	この世は	
शारिपुत्र	舎利子	シャーリプットラ	呼格

111

6．「般若心経」の原語・漢訳・意味・註の一覧表

原　語	漢　訳	意　味	註
रूपं	色	姿・形あるもの	रूप
शून्यता	（即是）空	なにもない	शून्यता
शून्यतैव	空	なにもない	शून्यता + एव
（एव）	-	まさに	
रूपम्	（即是）色	姿・形あるもの	रूप
रूपान्	色	姿・形あるもの	रूप
न　पृथक्	不異	異ならない、同じ	
शून्यता	空	なにもない	शून्य
शून्ताया	空	なにもない	शून्य
न　पृथक्	不異	異ならない、同じ	
रूपम्	色	姿・形あるもの	रूप
यद्	-	～であるところのもの	यद्　関係代名詞
रूपं	色	姿・形あるもの	रूप
सा	即是	（即ち）それは	
शून्यता	空	なにもない	शून्यता
या		～であるところのもの	या　関係代名詞
शून्यता	空	なにもない	शून्यता
तद्	即是	（即ち）それは	
रूपम्	色	姿・形あるもの	रूप
एवम्　एव	亦復如是	かくして	
वेदना	受	知覚・認識作用	

6.「般若心経」の原語・漢訳・意味・註の一覧表

原　語	漢　訳	意　味	註
संज्ञा	想	名付け、想念	
संस्कार	行	記憶の蔵	
विज्ञानानि	識	「私」、エゴ	विज्ञानम् I-ness
इह	-	この世において	
शारिपुत्र	舎利子	シャリプットラよ	呼格
सर्वधर्माः	是諸法	すべての現象には	सर्व - धर्म
शून्यता	空	なにもないという	शून्यता
लक्षणाः	相	標、指標、しるし	लक्षण
अनुत्पन्ना	不生	何も生まれない	अन् + उत्पन्न
अनिरुद्धा	不滅	止まらない	अ +नि +रुध् + त
अमला	不垢	汚れがない	अमल, अ + मल
न　विमला	不浄	汚れを取り除いたのでもない	विमल, वि + मल
न　ऊना	不増	何かが欠けているのでもない	ऊन
न　परिपूर्णाः	不減	充ち満ちているのでもない	परिपूर्ण
तस्मात्	是故	従って	तद्
शारिपुत्र	舎利子	シャリプットラよ	呼格
शून्यतायां	空中	なにもない中に	शून्यता
न	無	ない	
रूपं	色	姿・形あるもの	रूप
न	無	ない	
वेदना	受	知覚・認識作用	

113

6．「般若心経」の原語・漢訳・意味・註の一覧表

原　語	漢　訳	意　味	註
संज्ञा	相	名付け、想念	
संस्कार	行	記憶の蔵	
विज्ञानम्	織	「私」、エゴ	I-ness
न	無	ない	
चक्षुः	眼	目・視覚	
श्रोत्र	耳	耳・聴覚	
घ्राण	鼻	鼻・嗅覚	
जिह्वा	舌	舌・味覚	
काय	身	皮膚・触覚	
मनांसि	意	心・思考	मनस्
न	無	ない	
रूप	色	姿・形あるもの	
शब्द	声	音・言葉	
गन्ध	香	臭い	
रस	味	味	
स्प्रष्टव्य	蝕	触覚・触感	स्पृश् + तव्य
धर्माः	法	思考の対象	धर्म
न	無	ない	
चक्षुर्धातुः	眼界	（見る）機能の根源	चक्षुः + धातुः
यावन्	乃至	以下同様に	यावत्
न	無	ない	
मनो-धातुः	意識界	思考作用の根源	मनः + धातुः
न विद्या	-	**気づき**がない	

114

6．「般若心経」の原語・漢訳・意味・註の一覧表

原　語	漢　訳	意　味	註
न　अविद्या	無無明	**気づきのなさがない**	अ + विद्या
न　विद्या-क्षयो	-	**気づきが消えることがない**	विद्या-क्षय
न　अविद्या-क्षयो	亦無無明尽	**理解のなさが消えることがない**	अविद्या- क्षय
यावन्	乃至	同様にして	यावत्
न	無	ない	
जरा - मरणं	老死	老死も	
न	亦無	ない	
जरा-मरण-क्षयो	老死尽	老死がなくなる	
न	無	ない	
दःख	苦	苦悩	
समुदय	集	苦悩の原因	
निरोध	滅	消滅	
मार्ग	道	方法、手段、道	मार्ग
न	無	ない	
ज्ञानं	智	智慧、覚知、理解	
न	亦無	ない	
प्रसित्वम्	得故、（以無）所得故	達成	प्रसि, प्र √आप् प्र + आप् + त + त्वम्
बोधिसत्त्वस्य	菩提薩捶	超越した智慧	बोधिसत्त्व （音写）
प्रज्ञा	般若	偉大な智慧	प्र + ज्ञा （音写）
पारमिताम्	波羅蜜	超越した	पारमित （音写）

115

6.「般若心経」の原語・漢訳・意味・註の一覧表

原　語	漢　訳	意　味	註
	故	従って	
आश्रृत्य	依故	安住して	आ + श्रृ + य
विहरति	-	過ごす、住む、	वि + ह
अचित्तावरण	心無罣礙	心に覆いがなく	अ +चित्त +आवरण
चित्तावरण	無罣礙	心の覆い	चित्त +आवरण
न		ない	
अस्तित्वाद्		状態	अस्ति + त्व
	故	従って	
अत्रस्तो	無有恐怖	恐れがない	अ + त्रस्त (fear)
अतिक्रान्तो	遠離（一切）	克服して超える	अति + क्रम् + त
विपर्यासः	顛倒夢想	物事を逆さに見る	
निष्ठ-निर्वाणः	究竟涅槃	永遠の幸福を達成	नि + स्था + निर्वाण
त्र्यध्व	三世	３つの時	त्रि + अध्वन्
व्यवस्थिताः	-	確立した	वि + अव + स्था + त
सर्व-बुद्धाः	諸佛	達成した人	सर्व-बुद्ध
प्रज्ञा　पारमिताम्	般若波羅蜜多	心のレベルを超えた偉大なる智慧	पारम् + इ + त（音写）
आश्रृत्य	依故	～によって	आ + श्रृ + य
अनुत्तरां	阿耨多羅	最高の	अन् + उत्तर （音写）
सम्यक्	三藐	完全な	सम्य + अञ्च （音写）
संबोधिम्	三菩提	目覚め	संबोधि （音写）
अभिसंबुद्धाः	得	達成した	अभि + सम् + बुद्ध
तस्मात्	故	従って	तद्
ज्ञातव्यः	知	知るべき	ज्ञा + तव्यः

116

6．「般若心経」の原語・漢訳・意味・註の一覧表

原　語	漢　訳	意　味	註
प्रज्ञा　पारमिता	般若波羅蜜多	心のレベルを超えた偉大なる智慧	प्र + ज्ञा पारम् + इ + त（音写）
महामन्त्रः	是大神呪	偉大なマントラ	
महाविद्या- मन्त्रः	是大明呪	偉大な智慧のマントラ	
अनुत्र- मन्त्रः	是無上呪	最高のマントラ	
असम-सम- मन्त्रः	是無等等呪	比類なき、ストレートなマントラ	अ + सम (unequal), सम (straight)
सर्वदुःख	一切苦	すべての苦悩	
प्रशमनः	能除	静める	प्रशमन
सत्यम्	真実	真実の	सत्य
अमिथ्यात्वात्	不虚	偽りのない	अ + मिथ्या + त्व
पारमितायान्	般若波羅蜜多	超越した状態	पारमिता（音写）
उक्तो	故説	言われた	वच् + त
मन्त्रः	呪	マントラ	मन्त्र
तद्	-		
यथा	-	このように	
गते　गते	羯諦羯諦	少しずつ努力	गम् + त（音写）
पारगते	波羅羯諦	ある境地に近づく	पार + गम् + त（音写）
पारसङ्गते	波羅僧羯諦	遂に真理を見る	पार + सङ् + गम् + त（音写）
बोधिः	菩提	知者	बोधि（音写）

117

6.「般若心経」の原語・漢訳・意味・註の一覧表

原　語	漢　訳	意　味	註
स्वाहा	薩婆訶	祝福あれ！	स्वाह（**音写**）

・註に（音写）と記載のある漢訳は、サンスクリットの「よみがな」です。
　意味を持たせないよう注意して下さい。

・サンスクリットを学ぶ場合、語形変化の सार्वधातुक と आर्धधातुक 、接辞の
　कृत् と तद्धित に注意して下さい。

7．玄奘の漢訳

般若波羅蜜多心経

観自在菩薩行深般若波羅蜜多時、照見五蘊皆空、度一切苦厄。舎利子。色不異空、空不異色、色即是空、空即是色。受想行識亦復如是。舎利子。是諸法空相、不生不滅、不垢不浄、不増不減。是故空中、無色無受想行識、無眼耳鼻舌身意、無色声香味触法。無眼界、乃至、無意識界。無無明亦無無明尽、乃至無老死、亦無老死尽。無苦集滅道。無智亦無得。以無所得故、菩提薩埵、依般若波羅蜜多故、心無罣礙、無罣礙故、無有恐怖、遠離一切顛倒夢想、究竟涅槃。三世諸仏、依般若波羅蜜多故、得阿耨多羅三藐三菩提。故知、般若波羅蜜多、是大神呪、是大明呪、是無上呪、是無等等呪、能除一切苦、真実不虚。故説、般若波羅蜜多呪。即説呪曰、羯諦羯諦、波羅羯諦、波羅僧羯諦、菩提薩婆訶。

8．サンスクリット原文の発音（カタカナ）

प्रज्ञापारमिता हृदय सूत्रम्

プラギャーパーラミター　フリダヤ　スートラᴍ

आर्यावलोकितेश्वरो बोधिसत्त्वो गम्भीरायां प्रज्ञापारमितायां चर्यां चरमाणो

アーリャーヴァローキテーシュヴァロー　ボーディサットヴォー
ガᴍビーラーヤーン
プラギャーパーラミターヤーン　チャリヤーン　チャラマーノ

व्यवलोकयति स्म- पञ्च स्कन्धाः। तांश्च स्वभाव - शून्यान् पश्यति स्म।

ヴィヤヴァローカヤティ　スマ．パンチャ　スカンダーハ．
ターンスチャ　スワバーヴァ　シューニャーン　パッシャティ
スマ．

इह शारिपुत्र रूपं शून्यता, शून्यतैव रूपम्। रूपान् न पृथक् शून्यता शून्यताया

イハ　シャーリプットラ　ルーパーン　シュンニャター　シューン
ニヤタイヴァ　ルーパン．
ルーパーン　ナ　プリタク　シューンヤター　シューンヤターヤー

न पृथग् रूपम्। यद् रूपं सा शून्यता या शून्यता तद् रूपम्। एवम् एव वेदना - संज्ञा

ナ　プリタグ　ルーパᴍ．　ヤド　ルーパン　サー　シューニャター

ヤー　シューニャター　タド　ルーパン.
エーヴァン　エーヴァ　ヴェーダナー　サンギャー

- संस्कार - विज्ञानानि ।
サンスカーラ　ヴィッギャーナーニ.

इह शारिपुत्र सर्वधर्माः शून्यता -लक्षणाः अनुत्पन्ना अनिरुद्धा अमला न विमला नोना
イハ　シャーリプットラ　サルヴァダルマーハ　シューニャター
ラクシャナーハ　アヌッパンナー　アニルッダー　アマラー　ナ
ヴィマラー　ノーナー

न परिपूर्णाः । तस्मात् शारिपुत्र शून्यतायां न रूपं न वेदना न संज्ञा न संस्कार
ナ　パリプールナーハ.　タスマート　シャーリプットラ　シューニ
ャターヤーン　ナ　ルーパン　ナ　ヴェーダナ　ナ　サンギャ―
ナ　サンスカーラ

न विज्ञानम् । न चक्षुः - श्रोत्र - घ्राण - जिह्वा - काय - मनांसि ।
न रूप - शब्द - गन्ध
ナ　ヴィギャーナム.　ナ　チャクシュフ　シュロートラ　グラーナ
ジフヴァー　カーヤ　マナンシ.
ナ　ルーパ　シャブダ　ガンダ

- रस -स्प्रष्टव्य धर्माः । न चक्षुर्धातुः यावन् न मनो - धातुः ।
न विद्या नाविद्या

8．サンスクリット原文の発音（カタカナ）

ラサ λプラシュタヴィヤ ダルマーハ．ナ チャクシュルダートゥ
フ ヤーヴァンナ マノーダ ートゥフ．
ナ ヴィディヤ ナーヴィディヤ

न विद्याक्षयो नाविद्याक्षयो यावन् न जरामरणं न जरामरणक्षयो न
दुःख - समदय

ナ ヴィディヤクシャヨー ナーヴィディヤクシャヨー ヤーヴァ
ンナ ジャラーマラナ ナ ジャラーマナ クシャヨ ナ
ドゥフッカ サムダヤ

- निरोधमार्गा, न ज्ञानं न प्राप्तित्वम् । बोधिसत्त्वस्य प्रज्ञापारमिताम्
आश्रृत्य विहरति

ニローダマールガー ナ ギャーナム ナ プラプティットヴァン．
ボーディサットヴァスヤ プラギャーパーラミターム
アーシュリティヤ ヴィハラティ

अचित्तावरणः । चित्तावरण - नास्तित्वाद् अत्रस्तो विपर्यासातिक्रान्तो
निष्ठनिर्वाणः ।

アチッターヴァラナハ．チッターヴァラナ ナースチットワァード
アットラストー ヴィパリヤーサーティクラーントー ニシュタニ
ルヴァーナハ．

त्र्यध्व व्यवस्थिताः सर्व - बुद्धाः प्रज्ञापारमिताम् आश्रृत्य अनुत्तरां
सम्यक् संबोधिम्

トリヤドワ ヴィヤヴァスティターハ サルヴァ ブッダーハ
プラギャーパーラミターン アーシュリティヤ アヌッタラーン

122

サムヤク　サンボーディンム

अभिसंबुद्धाः । तस्मात् ज्ञातव्यः प्रज्ञापारमिता महामन्त्रः महाविद्यामन्त्रः,
अनुत्तरमन्त्रः,

アビサンブッダーハ. タスマート　ジャータヴィヤハ　プラギャーパ
ーラミター　マハーマントラハ　マハーヴィドヤーマントラハ
アヌッタラマントラハ

असमसममन्त्रः, सर्वदःख प्रशमनः, सत्यम् अमिथ्यात्वात्,
प्रज्ञापारमितायाम् उक्तो मन्त्रः ।

アサマサママントラハ　サルヴァドフッカ　プラシャマナハ　サッ
ティヤム　アミティヤトワート
プラギャーパーラミターヤーン　ウクトー　マントラハ.

तद् यथा -
タド　ヤター

गते गते पारगते पारसङ्गते बोधिः स्वाहा ।
ガテー　ガテー　パーラガテー　パーラサンガテー　ボーディーヒ
スワーハ.（３度繰り返す）

इति प्रज्ञापारमिता हृदय सूत्रं समाप्तम् ।
イティ　プラギャーパーラミター　フリダヤ　スートラム
サマープタン.

123

9．参考文献

- *Thirty years of　Buddhist studies selected essays*
  　　　　　　　　　　　　　　by Edward Conze
- *Prajna Paramita Heart Sutra in Sanskrit (Taisho Tripitaka 0256) prepare*d by: Dr. Michael E. Moriarty
- *Perfect Wisdom The Short Prajnaparamita Texts*
  　　　　　　　　　　　　　　by Edward Conze
- *The Heart Prajna Paramita Sutra by Husan Hua*
- *गीता‐सार　practical application* by D.A.Dasei
- *Brahma Sūtra Bhāṣya of Śaṇkarācārya*
- *The Bhagavad Gītā* by Ramananda Prasada
- *Mindfulness of Breathing* by Nanamori Thera
- *Breath ! You are alive* by Thich Nhat Hanh
- मैत्र्युपनिषद् Les Upanishad Text et traduction *Louis RENOU*
- भाषा परिच्छेद by स्वामी मधवनन्द
- *The Revolution Talks on Kabil　* by Rajneesh
- *VIGYAN BHAIRAV TANTRA* by Rajneesh
- *Le Hindouism* by M. Biardeau
- *Encyclopaedia of Pali Literature*
- 『入門サンスクリット』（下）A.ヴィディヤランカール・中島巖訳
- 『般若心経・金剛般若経』中村　元、紀野一義訳
- 『ハタヨーガからラージャヨーガへ』真下　尊吉
- 『サーンキャとヨーガ』真下　尊吉
- 「ヨーガとは何か」（研究会資料）真下　尊吉
- 「ウパデーシャサーラ」ラマナ・マハリシ（研究会資料）真下　尊吉
- 「私とはだれか？」ラマナ・マハリシ（研究会資料）真下　尊吉

あとがき

　「法華経」の如来寿量品（タターガター・ユシュプラマーナ・パリヴァルタハ तथागतायुष्प्रमाणपरिवर्तः）とは、「ブッダの正しい往き来の寿命」という意味で、その中に「遙か遠い昔に真理を見たタターガターは、無限の寿命（कल्प - कोटी - नयुत - शतसहस्राणि 幾千万億劫）を持ち、常にここにいる」と述べられています。「般若心経」や「法華経」に述べられていることは、ヴェーダやウパニシャッドと同様、時空には関係がなく、いつでも、こうして聖者に会え、教えに接することが可能です。最先端の量子物理学の説く「接空間 tangent space」を移動するだけだからです。

　そのため、自身だけでなく他の人にも伝えるためにサンスクリット語の履修は必須で、次第にそのことを理解する人も増えつつあります。サンスクリット語は大学に行かなくても学べます。また、インドで学ぶのは理想的ですが、日本にいながらでも学べます。問題は、その人の熱意と決断にあり、弛むことなく続けることです。そうすれば、ヴェーダやウパニシャッド、また、ブッディズムの経典などを、もっと肌で理解できるようになることでしょう。しかし、伝えることの難しさを、アニル先生は、その著『インド思想との出会い』の中で次のように述べておられます。

　「宗教的天才の洞察は普通の人の考えとは根本的に異なっているので、普通の人間がどんなに努力しても、その本質がみえてこないからです。その結果、普通の人は自分の不完全な理解力で天才の教えを解釈することになります。」

　現在の理解力で精一杯努力した「般若心経」の解釈が、少しでもみなさんの理解を助けることになれば幸いです。

索　引

【ア】

アーサナ	58,97
アースティカ	51,77,78
アートマーン	62
アーナ	89
アーナーパーナサティ	89,96,97
アヴィディヤー	32
アヴィヤクタ	52,54,62
アパーナ	89
歩く瞑想法	89,96

【イ】

イーシャヴァースヤ・ウパニシャッド	77
一切苦行	38
因中有果論	16,51
因縁・縁起説	51

【ウ】

ヴァーユ	73,75
ヴァイシェーシカ	51,107

ヴィヴァルタ	54
ヴィヴァルタヴァーダ	54
ヴィカーラ	54
ヴィパッサナ	89,96
ヴィヤクタ	52,54,62
ヴィヨーガ	53,56,66
ヴェーダ	51,73
ヴェーダーンタ・ダルシャナ	51,59,65, 74
ウパデーシャ・サーラ	76,106

【エ】

エゴ	88
縁起・因縁	51
縁起説	16

【オ】

横隔膜	92,93

索　引

【カ】

我（梵）	38,51
感覚器官	53

【キ】

気づき	89,110
ギャップ	11,93,95
吸気	92,95

【ク】

苦	33
空白のコマ	95

【コ】

コーハム	73
行動器官	53,74
呼気	92,95
個別意識	23,48
五蘊	12,13,21

【サ】

サーンキャ	52,68

サーンキャ・ダルシャナ	59
サヴィタルカ・サマーディ	47,58
サヴィチャーラ・サマーディ	47,58
サティ	89,93
サットカールヤ・ヴァーダ	66
サットサンガ	15

【シ】

四聖諦	33
四法印	38
シャーリプットラ	15
ジャイニズム	51
シャリーラ（身体）	54
シャンカラ	67,74
諸法無我	38
諸法無常	38
集（じゅう）	33
十二縁起	17
正念	34,89

【タ】

タルカ	58
ダルシャナ	51
タンマートラ	53

127

索　引

【チ】

知覚器官	53,74
チャールヴァキズム	51
チャンドーギャ・ウパニシャッド	65

【ト】

道（どう）	33

【ナ】

ナースティカ	51,77,78
７つの構成要素	68,73,74

【ニ】

ニャーヤ	51
ニヤマ	58
如是我聞	79
ニルヴァーナ	35,37,95
ニルヴァーナシャタカム	67
ニルヴィタルカ・サマーディ	47,58
ニルヴィチャーラ・サマーディ	47,58

【ネ】

涅槃	35
涅槃寂静	38

【ハ】

バガヴァッド・ギーター	66,69
ハタヨーガ	58,97
八正道	33,89

【ヒ】

比丘（ビック―）	90

【フ】

プールヴァ・ミーマーンサー	51
ブッダ	47
ブッディズム	51,58
プラーナ	68
プラクリティ	55‐56
ブラフマン	61‐65, 67,72,77
プルシャ	55

【ヘ】

ヘーリングの模式図	92

128

索 引

【マ】

マーヤー	56,65
マイトリーウパニシャッド	57,58
マインドフルネス	89

【ム】

ムンダカ・ウパニシャッド	64

【メ】

滅	33
瞑想	95
目に見える状態	52
目に見えない状態	52,53

【ヤ】

ヤマ	58

【ヨ】

ヨーガ	51,52,56
ヨーガ・ダルシャナ	51,56

【ラ】

ラマナ・マハルシ	73,76,106

【リ】

リグヴェーダ	78
リタムバラ	47

【ワ】

私意識	78
私感覚	28
私とは誰か	73

129

●著者略歴

真下　尊吉（ましも　たかよし）

慶應義塾大学　経済学部卒。

コンピューター・インストラクター、Ｗｅｂデザイナーをする傍ら、故熊谷直一氏、故番場一雄氏に師事しハタヨーガを学ぶ。助教授資格取得。サンスクリット語は、言語学者で哲学博士のアニル・ヴィディヤランカール先生にイントロダクトリー・サンスクリットを学び、その後、チンマヤ・ミッションにてアドヴァンスド・サンスクリットを学ぶ。また、同ミッションにてバガヴァッド・ギーター全コースを修了。

著書　『ハタヨーガからラージャヨーガへ』（東方出版）

　　　『サーンキャとヨーガ』（東方出版）

著書のサポート・ブログ

　　https://ameblo.jp/maharsi

　　＊ 正誤表などをダウンロードいただけます。

サンスクリット原典から学ぶ　般若心経入門

2018 年 9 月 25 日　　初版第 1 刷発行

著　者	真下尊吉
発行者	稲川博久
発行所	東方出版(株)
	〒543-0062　大阪市天王寺区逢阪 2-3-2
	Tel.06-6779-9571 Fax.06-6779-9573
装　幀	濱崎実幸
印刷所	亜細亜印刷(株)

乱丁・落丁はおとりかえいたします。　　　　　ISBN978-4-86249-345-3

書名	著者・訳者	価格
サーンキャとヨーガ	真下尊吉	3000円
ハタヨーガからラージャヨーガへ	真下尊吉	1800円
入門サンスクリット　改訂・増補・縮刷版	A・ヴィディヤーランカール／中島巌	7000円
ヨーガ・スートラ　パタンジャリ　哲学の精髄　原典・全訳・注釈付	A・ヴィディヤーランカール著　中島巌編訳	3000円
基本梵英和辞典　縮刷版	B&A・ヴィディヤランカール／中島巌	8000円
インド思想との出会い	A・ヴィディヤランカール著／中島巌	2500円
八段階のヨーガ	スワミ・チダーナンダ著／増田喜代美訳	1800円
バガヴァッド・ギーター詳解	藤田晃	4500円

＊表示の値段は消費税を含まない本体価格です。